CÓMO LOGRAR EL ÉXITO

Dr. Esteban Castillo de la Rosa

Reservados todos los derechos. No se permite la reproducción total o parcial de esta obra, ni su incorporación a un sistema informático, ni su transmisión en cualquier forma o por cualquier medio (electrónico, mecánico, fotocopia, grabación u otros) sin autorización previa y por escrito de los titulares del copyright. La infracción de dichos derechos puede constituir un delito contra la propiedad intelectual.

El contenido de esta obra es responsabilidad del autor y no refleja necesariamente las opiniones de la casa editora.

Publicado por Ibukku
www.ibukku.com
Diseño y maquetación: Índigo Estudio Gráfico
Copyright © 2020 Dr. Esteban Castillo de la Rosa
ISBN Paperback: 978-1-64086-523-5
ISBN eBook: 978-1-64086-524-2

ÍNDICE

Dedicatoria   5

Prólogo   7

Capítulo 1. ¿Quién soy yo?   11
    1.1. La pregunta del autodescubrimiento   11
    1.2. Debo conocer cuáles son mis debilidades.   13
    1.3. El hombre analizado desde diferentes dimensiones.   14
    1.4. Puntos importantes que debemos considerar si queremos transformar nuestra vida.   15
    1.5 ¿Cómo hago para enfocarme en lo que quiero ser, hasta tenerlo en mis manos?   17

Capítulo 2. Sea Feliz. Viva sin remordimiento   19
    2.1. El ABC de la felicidad.   20
    2.2. ¿Es realmente posible ser feliz?   23
    2.3. Algunos consejos prácticos para vivir mejor.   24
    2.4. El valor de las ideas.   26
    2.5 Tenga amigos y construya un círculo de amistad de su confianza.   27

Capítulo 3. Qué es el éxito y cómo alcanzarlo   29
    3.1. Vencer el miedo.   30
    3.2. Nuestra actitud lo dice todo sobre nosotros.   31
    3.3. Despojarse de ciertas cosas también es parte de nuestro éxito.   32
    3.4. El problema de los vicios y qué pasa con las personas viciosas.   34
    3.5. Si cambias tu manera de hablar, cambiará también tu vida.   37
    3.6. Digamos cosas positivas y edificantes a las personas con las que hablamos.   39
    3.7. Si hablas cosas que la gente quiere escuchar te será más fácil ganarte a la gente.   41

Capítulo 4. Importancia de nuestra preparación académica.   45
    4.1. El conocimiento humano.   45
    4.2. Ventajas que tiene para nosotros estudiar y prepararnos.   46
    4.3. Lo que es de vital importancia no puede esperar.   46
    4.4. Cómo elegir la carrera adecuada, la que queremos estudiar.   47

4.5. ¿Y qué pasa si estoy indeciso acerca de qué carrera estudiar? 48
4.6. Cómo visualizas tu futuro. 49
4.7. Tú decides lo que quieres ser en la vida. 53

Capítulo 5. Obstáculos que se presentan en el camino hacia el éxito 57
5.1. ¿Qué es un obstáculo? 57
5.2. Otras barreras que bloquean al éxito y la superación personal. 60
5.3. ¿Qué debemos hacer para vencer todos los obstáculos que nos impiden alcanzar el éxito? 63
5.4. ¡Cuidado! No todo lo que nos gusta es positivo. 65
5.5. Revisemos de vez en cuando los métodos obsoletos que no han funcionado en nuestra vida. 65

Capítulo 6. Cómo llegar a la posición donde quieres estar 69
6.1. Consideraciones que debemos tener presente cuando pensamos comenzar un proyecto. 69
6.2. Ser diferente es lo que más vale. 70
6.3. ¿Hay otros ejemplos que indiquen que se puede ser diferente? 74
6.4. Podemos aun sacarles beneficio a las cosas negativas 75
6.5. La importancia de pensar racionalmente. 78
6.6. Hábitos que debemos eliminar de nuestra vida y hábitos que debemos incorporar: 79

Capítulo 7. Cómo combatir la derrota 87
7.1. Entender lo que significa la palabra derrota. 87
7.2. La anécdota de la vaca. 89
7.3. La manera como piensan las personas comunes. 94
7.4. No dejes que otros hagan lo que es tarea tuya. 96
7.5. Esfuérzate y cumples con tu deber. 97

Capítulo 8. La vida está llena de oportunidades 99
8.1. ¿Cuál de esas oportunidades es la mía? 99
8.2. Cada cosa tiene un precio. 102
8.3. ¿Por qué hay personas que llegan a la cima y otras que se quedan abajo? 105
8.4. Deja la bola correr. 107

Dedicatoria

Este libro lo dedico a mis hijos:

Elías Castillo Martínez, por cooperar con sus ideas sobre las imágenes del libro.

Raquel Castillo Martínez, por su apoyo incondicional y su motivación para que esta obra se haga una realidad.

Gracias a ellos, pues sin su colaboración hubiera sido difícil la realización de esta obra.

Prólogo

Cómo superarme y lograr lo deseado

Hicimos una observación detallada de cómo vive la mayor parte de las personas en cualquier país del mundo y nos dimos cuenta de que la mayoría de la gente del planeta son pobres y viven con carencia y limitación de recursos. Aun aquellos bienes que son primordiales para la vida como son la comida, el agua, la ropa y la casa donde vivimos a muchos se les dificulta conseguirlos. Esta es la cruda realidad. Analizamos esta situación global y concluimos que millones de personas alrededor del mundo necesitan cierta orientación que los ayude a crecer y sentirse como seres humanos con buenas condiciones de vida, y mejores oportunidades de desarrollo. También descubrimos que muchas de esas personas son conformistas y se adaptan a pasar la vida entera en una situación precaria y llena de necesidades. Creamos conciencia de que esas personas necesitan una orientación sana que les ayude a despegar y cambiar su estilo de vida. Es por esas razones que quisimos escribir este libro, para ayudar a la sociedad bajo esta situación a buscar una salida a sus problemas y para enseñarte de que ya es hora de dejar de culpar al gobierno de todo aquello que nos ocurre. Basta de culpar a los demás de mis propios problemas, ¡hay que despertar ya! Es hora de que cada uno de nosotros comencemos a aportar a la construcción de una mejor sociedad, poniendo nuestro granito de arena en la base de la construcción. A través de este libro te enseñaremos paso por paso cómo convertirte en la persona que tú siempre has querido ser. No importa en qué estatus te encuentre, lo que importa es que este libro te guiará paulatinamente a convertirte en la persona con el más alto nivel de desarrollo profesional y social que jamás pensaste que es posible lograr. Nuestra recomendación es que sigas fielmente cada una de las lecciones de este libro sin saltar ninguna. Creo que no es mucho pedirte ¿verdad? Si te llevas de nuestro consejo pronto estarás viendo los resultados de una manera sorprendente, porque este libro lo que busca y desea es darles a las personas que tienen deseo de un cambio, la oportunidad de lograr ese cambio con el menor grado de complejidad posible. Si tú eres optimista y siempre has deseado cambiar tu forma de vivir, entonces debes leer esta obra. El autor ha hecho un esfuerzo enorme para que este libro haga el trabajo que se espera, convirtiéndose de ese modo en una herramienta importante para millones de personas. Para lograr este propósito hemos invertido mucho tiempo en el estudio minucioso e intelectual de una gran diversidad de materiales profesionales de diferentes dimensiones del saber humano, y esto lo hacemos para ayudarte, orientarte y encaminarte al éxito con una base sólida, profesional y científica. Nosotros no jugamos con el bienestar de la gente, y entendemos lo que significa para millones de personas encontrar una información seria que en realidad lo ayude a crecer, a dejar de vivir en ignorancia pero sobre todo, una información que le sea de ayuda para tener un estilo de vida mejor, para dejársela como herencia a nuestros hijos y para que sea un manual de referencia para muchos que lo necesitan. Sabemos que a la mayoría de las personas no les gusta pasar toda su vida en la ruina, andando en la miseria y acompañados por la escasez y la precariedad económica. Para poder ayudarte a subir al más alto nivel de superación personal solo debe hacerles caso a nuestros consejos y seguir las instrucciones, haciendo lo que se te pide hacer. La información que ponemos a tu alcance en este libro forma parte de aportes de eminentes profesionales que se han preparado en las diversas áreas del saber humano como la Educación, el Derecho, la Medicina, la Psicología, la Estadística, la Teología, la Filosofía y otras más. Además, elaboramos para nuestros lectores algunas preguntas para ponerte a pensar, hacer comentarios y aprender a resolver situaciones. Asimismo, es importante que sepas que el autor y el equipo intelectual que preparamos este libro no pretendemos saberlo todo, sino que con una actitud de humildad y respeto hemos hecho el más grande esfuerzo para poder encaminar a nuestros lectores al logro de las metas que se han fijado, para convertirse en una persona diferente, o en un ser humano superado. Como sabemos que generalmente las personas son el producto de cómo piensan, y de la manera que piensan así viven y así son, muchos de nosotros no hemos entendido hoy en día la importancia de renovar nuestra mente y abrirnos paso a una nueva dimensión de pensamiento que nos libere de ciertas frustraciones del pasado y podamos mirar a un futuro libre de estereotipos que nos ayude a cambiar nuestra historia, incluyendo nuestro pasado y nuestro presente, y aterrizar en terreno firme donde podamos construir un futuro deseable. Con amor te animamos y confiamos que nunca te arrepentirás de haber leído este libro el cual es de grado profesional en su género . Es mi felicidad que podamos compartir el triunfo todos juntos, una vez que lleguemos a la meta que nos hemos fijado.

¡Buena suerte!

Capítulo 1. ¿Quién soy yo?

1.1. La pregunta del autodescubrimiento

En las disciplinas filosóficas las preguntas tienen mucho valor. El hombre ha tratado de resolver millones de misterios elaborándose preguntas y formulando respuestas para las mismas. Desde la creación del mundo el hombre se ha preguntado cómo ser transportado por agua, cómo llegar a la luna, si existen otros mundos, cuántas estrellas tendrá el universo, si existe un ser supremo que haya diseñado y creado el universo, por qué la gente muere, qué es la vida, qué es la muerte, cómo fuimos creados, si existe el pecado, si hay vida después de la muerte, cómo funciona el cerebro humano, si podemos crear una fórmula para que el ser humano no perezca, por qué razón la gente se muere, etc. Algunas de estas interrogantes ya han sido respondidas. Algunas han sido contestadas por la filosofía, otras por la religión y otras por la ciencia, pero todavía existen otras que no sabemos a ciencia cierta su respuesta. Sin embargo, la primera pregunta que una persona debe hacerse es la siguiente: ¿Quién soy yo? Esta es la pregunta maestra, la que todo individuo debe hacerse. Descubrir a qué vinimos a este mundo, y cuál es el propósito de nuestra visita a la tierra. Hace miles de años el célebre filósofo griego Sócrates dijo esta frase: "conócete a ti mismo". Observe usted amigo lector que yo no soy el primero que sostengo la idea de que hay que conocerse a sí mismo, la idea viene de una de las mentes más brillantes del mundo, la mente de un enorme sabio, Sócrates. Ahora bien, para contestar esta interrogante debemos ser honestos con nosotros mismos. Usted no puede superarse ni alcanzar el éxito si usted no se detiene a pensar que usted es un recurso valiosísimo que debe conocer su potencial, y que debe cambiar su forma de pensar para poder cambiarse a usted mismo y alcanzar la superación. Ahora bien, usted debe saber que la superación tiene un precio que hay que pagar. La superación se logra con esfuerzo y trabajo, se logra con estudios y perseverancia. Muchas personas no quieren esforzarse y en lugar de trabajar prefieren pedir, mendigar o perder el tiempo. He ahí el primer indicio de una mentalidad pobre. Mucha gente no es pobre porque le falta recursos económicos, sino que son pobres porque su forma de pensar no le ayuda, es decir, sufren pobreza mental, no tienen ideas o les hace falta iniciativa. Hay muchas personas que hoy viven en un estado de miseria, pero si a esas personas se les ofreciera cierta ayuda, no sabrían cómo manejar esos recursos y ponerlos a producir más. Ellos tienen una mente pobre. Son pobres de espíritu, pobres de ideales y pobres económicamente. Cuando no se posee una actitud positiva se cae en el pesimismo y el pesimismo conduce a la muerte en todo el sentido de la palabra. En los capítulos venideros les hablaremos sobre cómo combatir el pesimismo y la mentalidad pobre y cómo ir más allá y alcanzar la meta. Usted acompáñenos en este viaje que le llevará a niveles nunca alcanzados en la escala de la superación personal.

Queremos compartir con usted algunos consejos que serán muy importantes en la tarea de determinar quién es usted y en qué punto del plano usted se haya, qué tan cerca o lejos usted se ubica en la escalera del éxito, qué tanto le falta para llegar, y cómo puede desafiarse a sí mismo hasta alcanzar ese punto tan deseado que se llama la meta.

1.2. Debo conocer cuáles son mis debilidades.

Debemos partir del supuesto de que ningún ser humano es perfecto. Podemos tener virtudes y encantos, pero no somos perfectos. Podemos ser decentes y educados pero esa decencia llega a un límite. Podemos dar muestra de ser lo suficientemente buenos, pero no somos perfectos. El ser humano es imperfecto por su propia condición de humano, aún no hemos encontrado el nirvana como dicen algunos, pero nos gusta cambiar este estado de debilidad humana por uno de mayor perfección y mejor aceptación. Un buen punto para comenzar a conocer cuáles son mis debilidades podría ser, preguntarnos la siguiente interrogante: Si yo tuviera que cambiar alguna cosa en mi vida, ¿cuál sería? Y a medida que nos preguntamos esto las respuestas van fluyendo y nos damos cuenta de nuestras debilidades y de nuestros defectos como humanos. Después de esa pregunta podemos preguntarnos cual será otra debilidad que yo tengo, y así vamos descubriendo nuestra verdadera identidad, quienes somos y cómo somos. Cuando me conozco a mí mismo se abre una puerta para superar mis barreras y limitaciones, esto es porque ya sabemos a ciencia cierta cuál es el punto que tenemos que corregir. Esto ocurre sólo cuando me doy cuenta de cuales son mis debilidades y las cosas que debo cambiar. Cuando reconozco lo malo que hay en mí en ese momento se abre una puerta para liberarme de esas debilidades que me mantienen preso e impiden mi libertad. Yo creo que el hombre es una creación bastante compleja, por lo que cuando queremos entender al hombre en su totalidad, debemos dividirlo en cuantas partes sea necesario para una mejor comprensión de las causas que originan determinadas consecuencias. Así pues, para comprender el comportamiento humano podemos analizar al hombre desde diferentes dimensiones. Para profundizar más en el estudio del hombre como ente meramente complejo sugerimos ver el siguiente esquema:

1.3. El hombre analizado desde diferentes dimensiones.

Veamos al hombre como un ser que puede ser estudiado en su generalidad o totalidad. Sin embargo, para darnos cuenta lo que realmente somos es mejor si lo estudiamos por parte, como un ente que es: social, pero a la misma vez el hombre es un ente espiritual porque necesita una conexión directa con Dios, su creador. Y podemos hacer un estudio del hombre desde el punto de vista psicológico, emocional, moral, económico, anatómico, artístico, filosófico y científico. ¿Qué pasa con el ser humano cuando entra en depresión? ¿Cuáles partes de su vida están siendo afectadas, y por qué? ¿y qué ocurre cuando un hombre se pone violento y pierde el control? ¿Por qué ocurre esto? Paradójicamente el ser humano cambia tanto, que hoy está de un modo y mañana de otro, pero así somos y eso es parte de nuestra propia complejidad como seres humanos que somos.

Socialmente el hombre interactúa con los demás, psicológicamente estudiamos su conducta, emociones, sentimientos y afectos, su moral lo lleva a considerar lo ético o antiético, económicamente el hombre mantiene una dependencia de los bienes materiales que les sirven para la supervivencia propia y el soporte de la familia, y podemos además estudiar al hombre desde el punto de vista filosófico, según sea su ideología y su forma de pensar acerca del mundo que le rodea y de las cosas que suceden a su alrededor.

Hasta ahora hemos presenciado la diversidad de formas desde las cuales se puede hacer un estudio científico de lo que es el hombre como sujeto. Ahora veamos qué importancia deben tener las siguientes cosas en la vida de una persona que desea alcanzar cierto grado de superación: ¿qué tan importantes deben ser las ideas en nuestra vida? ¿Cuál es el valor que debe tener para nosotros la educación? ¿Por qué es importante que aprendamos a pensar prudentemente? ¿Cómo nos beneficia educarnos adecuadamente o lograr una buena educación? ¿Cómo debemos invertir nuestro tiempo? ¿Cómo nos ayuda la lectura de buenos libros? ¿Cuáles son los hábitos más comunes de mi vida? Y ¿Cuáles son aquellos hábitos que tengo que cambiar?

Las preguntas anteriores nos ayudan significativamente a organizarnos para iniciar el preámbulo del cambio de personalidad en nuestra vida. Debemos tener en cuenta que la manera como manejamos nuestra actitud hacia el cambio tiene mucho que decir sobre el futuro que nos espera. No debemos nunca ser pesimistas, sino que debemos asumir un espíritu optimista que sea capaz de transformarnos en una nueva persona, y esto solo es posible lograrlo cuando dejamos que el cambio se abra paso en nuestra vida, de lo contrario, seguiremos siendo la misma persona que siempre hemos sido.

Consideremos los beneficios que podemos lograr con solo permitirnos cambiar o modificar nuestra rutina o darte una oportunidad a la otra faceta que tenemos escondida. No es bueno creer que lo sabemos todo o que no necesitamos una modificación de nuestra manera de vivir; es necesario darnos cuenta de lo que somos y con un espíritu de humildad y corazón sincero aceptar que verdaderamente debemos cambiar nuestra manera de ser, de pensar, y de actuar, y cuando nos sinceramos con nosotros mismos grandes cosas ocurren, grandes cambios pasan, gran diferencia se ve en nosotros desde afuera y una gran sorpresa las personas se llevan.

1.4. Puntos importantes que debemos considerar si

queremos transformar nuestra vida.
¿Quién he sido yo hasta este momento?
¿Quiénes me rodean? ¿Cuál es mi trasfondo cultural y en qué medio me desenvuelvo?
Mi preparación académica. ¿Cuál es mi nivel de educación? ¿Qué es lo que yo sé hacer? ¿Con cuáles conocimientos yo cuento? ¿Cuál ha sido mi inversión en educación?
Hablemos de mi trabajo, mis ingresos, mis entradas, activos y pasivos, mis gastos mensuales, (Lo que yo poseo), cuáles son mis deudas y mis ingresos netos, como anda mi economía, con qué yo puedo contar para desenvolverme.
¿Cuál es mi meta? ¿Cuáles son mis objetivos? ¿A dónde quiero llegar? (Que es lo que yo quiero lograr).
¿Cómo voy a lograr esa meta que me he propuesto? ¿Qué medio voy a utilizar para lograrla? ¿Qué es lo que yo quiero ser? ¿Qué método voy a usar para conseguirlo? ¿Cuál va a ser la metodología a seguir?
Debo desear lo que sea alcanzable y lo que yo puedo adquirir. No debemos fijarnos metas inalcanzables o imposibles de lograr. Debemos ubicarnos dentro de lo que es posible. No tratemos de alcanzar la luna con nuestras manos. Preguntémonos si lo que deseamos es realmente posible lograrlo.
Debemos preguntarnos cuanto tengo que invertir para alcanzar mi sueño, para hacer realidad mi deseo, aquello que tanto anhelo tener.
Es necesario cuestionarse sobre qué voy a hacer para tener a manos el presupuesto financiero que yo necesito para emprender el camino hacia la realización de mi proyecto.
¿Cuáles amigos de mi círculo son los más apropiados para darme el apoyo emocional que necesito en el momento más crítico de mi trayectoria hacia la conquista?

¿Cómo está mi actitud? ¿Qué creo de mí mismo? ¿Cómo está mi autoestima en este momento?, en fin..., qué tanto creo en mí.
¿Tengo fe en mí mismo de que puedo alcanzar mi meta?

Una vez que te haya formulado estas interrogantes, el siguiente paso que debe seguir es "**ENFOCARTE**" en tu proyecto y no dejar que nadie te robe tu sueño. Acuérdate que tú eres un triunfador y los triunfadores nunca se dan por vencidos. ¡Tú eres un milagro del universo! Aprende a soñar en grande. Sed como el águila que vuela bien alto.

1.5 ¿Cómo hago para enfocarme en lo que quiero ser, hasta tenerlo en mis manos?

Si quieres llevar a cabo cualquier proyecto deberás saber que una persona con una directriz determinada siempre se fija metas y tiene una visión clara de lo que quiere. Cuando alguien quiere lograr algo valioso es necesario que esa persona evalúe su pasado y su presente, para que se forme una visión de cuál debe ser su futuro. La persona que tiene una visión de futuro sabe que tiene que ordenar su vida. Esta persona se da cuenta que vivir una vida desordenada no le forjara un buen futuro, y esta forma de pensar hace a esa persona reflexionar, administrar bien sus bienes y presupuestarse. Un ser humano con una visión de futuro sabe clasificar en orden de importancia todos sus asuntos y **prioriza los que tienen mayor importancia para** él **y su familia,** y a la misma vez sabe diferenciar entre gustos y necesidades, entre lo importante, lo placentero y lo necesario y se centra más en lo que es imprescindiblemente necesario. Una persona con una directriz determinada sabe muy bien hacia dónde va. No se conforma con lo menos y siempre muestra interés por la excelencia.

No desperdicies tu dinero. Este te servirá de gran ayuda para alcanzar muchas de las cosas que necesitas. Muchas personas tienen una pésima administración de sus bienes. Se pasan todo el año gastando y malgastando. Se ven endeudados cuando no deberían estarlo. Esto es porque estas personas dilapidan sus bienes, compran muchas cosas innecesarias, cambian la ropa que todavía les sirve, compran comida que después tienen que botarla, etc. Reemplazar los muebles de la casa que todavía están buenos para comprar otros que estén nuevos es una manera de darle mal uso a tu dinero. Cuando compramos algo que no le vamos a dar ningún uso, solo para que haya cosas en nuestra casa, es una muy mala administración de nuestros bienes. Las cosas que desperdicias hoy te harán falta mañana. Seamos pues mejores administradores de nuestros bienes y presupuestos. Es ahí donde quiero enfatizar que debemos ser buenos administradores de lo que tenemos, si queremos que nos vaya bien en lo adelante. De lo contrario, el estudiante no se hace profesional, el campesino no se hace empresario, el político no llega a gobernar, el pobre se convierte en mendigo y todos perecemos sumidos en la pobreza.

Capítulo 2. Sea Feliz. Viva sin remordimiento

Hay que vivir feliz. De nada sirve vivir la vida amargado. La sociedad de hoy está equivocada, no es para nadie un secreto de que cuando salimos a la calle vemos que la gente no es feliz, la gente no ríe, viven con la cara dura y llena de aburrimiento; no hay tiempo para nadie, todo el mundo ando de prisa. Este comportamiento hay que detenerlo de inmediato. Debemos hacer un alto a este tipo de comportamiento. Vivir una vida llena de apatía y aburrimiento no vale la pena, esto es un comportamiento hostil que no nos sirve para nada. Se propone que es mejor vivir feliz y que no hay motivos para vivir atrapado por el odio, la apatía y el aburrimiento. Es verdad que la sociedad en la que vivimos anda mal, pero todavía tenemos más cosas buenas que nos pueden alegrar la vida, que las malas que tenemos para vivir encerrados en un problema. Todo depende de nuestra actitud, de la manera como vemos el mundo. Para unos el mundo es MALO, pero para otros el mundo es BUENO. Es un asunto de actitud. Y nuestra actitud hacia el mundo y hacia los demás puede ser tan hostil que lleguemos a creer que vivimos en un mundo de densa tiniebla. A esto yo le llamo una actitud pesimista, la cual nos hace vivir sin esperanza. En cambio, una actitud positiva del mundo que nos rodea nos permite ver la cara bella de la vida, nos permite valorar la vida en su totalidad, amar a los demás como a nosotros mismos y tener respeto por la diversidad. El mundo en que vivimos es un mundo de una gran diversidad. No es posible creer que somos los únicos en el planeta o que todo el mundo tiene que ser como nosotros somos, es muy importante que en nosotros haya respeto por los demás y que aprendamos a valorar a todos los seres humanos de la manera como lo hacemos con nosotros mismos. Esto es un asunto de respeto, amor por los demás y buena educación. La regla de oro es perfecta para que haya armonía en la sociedad "hacer con los demás de la manera que queremos que los demás hagan con nosotros". Mi opinión en sentido general y mi consejo a los demás es que las personas debemos aprender a ser respetuosas con todos los que nos rodean, no importando quien sean, no importando el color de su piel, no importando su religión, no importando su lengua ni su nacionalidad ni su lugar de origen ni su raza ni su edad ni su sexo. Creo que es posible crear un mundo mejor que el que nos hemos forjado y mejorar nuestra actitud hacia la manera como vemos y concebimos el mundo.

Decía Mahatma Gandhi: "Sed el cambio que deseas ver en el mundo". Esta expresión de Gandhi nos invita a tomar la iniciativa de mejorar nuestro mundo en vez de esperar que sean los demás quienes trabajen para cambiarlo.

2.1. El ABC de la felicidad.

Quiero compartir con mis queridos lectores algunos puntos importantes que escribió el escritor Robert Valett, sobre la felicidad. De acuerdo con este autor una persona que quiere ser feliz debe conocer, en primer lugar, lo que él llama 'El ABC' de la felicidad, la cual dice lo siguiente:

- 'Aspirar a alcanzar su potencial.
- Creer en sí mismo.

- Crear una buena vida.
- Soñar con lo que podría llegar a ser.
- Hacer ejercicios frecuentemente.
- Perdonar los pequeños errores.
- Glorificar el espíritu creativo.
- Usar el humor contigo mismo y con los demás.
- Imaginar grandes cosas.
- Vivir cada día con alegría y regocijo.
- Ser amigable con los demás y amarse unos a otros.
- Estar en contacto con Dios todos los días.
- Elogiar las buenas acciones de otros.
- Cuestionar la mayoría de las cosas.
- Sonreír y chequear tu comportamiento.
- Pensar racionalmente y entenderse a uno mismo.
- Valorar la vida, anhelar mejorar, y trabajar por el bien común.
- Examinar los problemas cuidadosamente.
- Perseguir la felicidad'.

Hasta aquí hemos visto unos consejos muy valiosos que sin lugar a duda nos ayudaran a ser feliz sin tener que hacer grandes esfuerzos. Existen también otros elementos que podemos enumerar a continuación y que nos pueden ayudar bastante a convertirnos en seres humanos felices y alegres.

Aparte de lo que enumera este autor yo diría que es muy importante tener un alto concepto de uno mismo, alejémonos lo más que podamos del estado de ánimo depresivo. Asimismo, echemos a un lado la preocupación cotidiana por cosas que no son tan importantes en la vida de uno. Enfócate en aquellas cosas que realmente te harán sentir importante y contribuirán a tu felicidad personal, espiritual y social. No pierdas tu tiempo juntándote con personas que son tan negativas que no aportan nada significativo a tu vida. Aprende a pensar en grande y despójate de toda cosa negativa que le resta calidad a tu vida.

Si una persona actúa con cordura, raciocinio e intelecto existe una alta posibilidad de ser una persona emocionalmente equilibrada. La felicidad nos hace vivir más tiempo y vivir una vida de calidad, al mismo tiempo que nos ayuda a tomar las mejores decisiones en los asuntos cotidianos. La felicidad debe ser como nuestra casa; nadie quiere perderla. Si las personas trabajamos y nos esforzamos por conseguir cosas cotidianas como ropa y zapatos, comida y entretenimiento, si no escatimamos dinero para adquirir lo que nos gusta y aquello que lo consideramos necesario, entonces incluyamos también la felicidad en la lista de las cosas que son importantes en nuestra vida porque, una mujer feliz es mejor esposa, un niño feliz desarrolla mejores actitudes y capacidades, un hombre feliz es mejor esposo y está más motivado para tratar bien a su familia. Una sociedad feliz es una sociedad ideal, le sirve mejor a Dios y a la comunidad donde vive. La felicidad debe ser parte de nuestro modo de vida. Cuando tú eres feliz vives agradecido de Dios y ve la vida llena de color. Cuando estamos felices hay una mejor energía fluyendo dentro de nosotros y las cosas siempre nos salen bien.

Reconocemos que estamos felices cuando una sonrisa fluye de nuestros labios, cuando tenemos una respuesta suave y cortes, cuando somos decente y educados con los demás, cuando hay tolerancia y respeto hacia las personas, cuando somos felices nos sentimos bien y fluye una vibra positiva en nuestra vida. Entonces si la felicidad es algo tan importante en nuestra vida, debemos buscarla no importando el precio que tengamos que pagar. Hasta los niños tienen un mejor rendimiento académico cuando son felices que cuando no son felices.

2.2. ¿Es realmente posible ser feliz?

Siempre he asegurado que se puede ser feliz al cien por ciento. Vamos a examinar algunos tópicos: Número uno. Mucha gente se equivoca en lo que elige para ser feliz. La mayoría de las personas quieren ser felices alcanzando cosas grandes y costosas como un carro nuevo, una mansión, una buena casa, millones de dólares, haciéndose famosos, etc. Pues no se dan cuenta que la felicidad es un estado de ánimo, no la adquisición de bienes materiales.

Número dos. Yo me pregunto si tener muchos bienes y comodidad es lo que hace feliz a una persona. De ser así entonces ser feliz es más fácil de lo que yo creía. Pero no. La felicidad no tiene nada que ver con esas cosas. Si así fuera entonces todos los ricos del mundo fueran las personas más felices del mundo, porque pueden adquirir todas esas cosas. La felicidad está más relacionada con nuestro estado de ánimo y con la manera como valoramos y recibimos aquello que tenemos, lo que nos rodea, lo que nos acompaña, o de lo cual nos servimos, que con los bienes materiales que poseemos.

Número tres. La mayoría de las veces las cosas sencillas son las que nos traen felicidad. Una prenda de vestir sencilla, un niño que nos da un abrazo, una palabra de aliento, una casa limpia y en paz, una comida bien sabrosa, irnos de playa y llevar comida para compartir, observar las montañas, ver el cielo estrellado, una sonrisa que alguien nos da, unas palabras de aliento cuando estamos con algún problema, un detalle para nuestra pareja, compartir un momento con nuestros amigos, etc. Cosas así nos traen felicidad, y estos son solo algunos ejemplos.

La cuarta realidad que quiero que sepan es que la felicidad podemos construirla nosotros mismos. Aunque parezca ilógico o poco inusual esta declaración nosotros mismos podemos ser constructores de la felicidad. Para esto es necesario crearnos un buen sentido del humor. ¡no vivamos la vida tan amargados!

¿Alguien me podría decir por qué hay que vivir tan preocupados en la vida, si realmente no resolvemos nada con vivir tan preocupados? La verdad es que hay gente que todo lo quiere resolver con una cara bien dura, y creo que esto no resulta. Creo que el ceño fruncido no nos sirve para nada.

La preocupación desmedida, el mal humor, el temperamento agrio, la mala palabra, la respuesta áspera, la cruzada de ojos, la aspereza y el lenguaje descompuesto han demostrado a través de cientos o miles de años, que no nos sirven para nada. Entonces, si estas cosas claramente han demostrado su ineficacia, creo que ya es hora de que despertemos y busquemos un nuevo método de resolución de problemas. A continuación, te presentamos algunos consejos sobre la actitud que debemos adoptar en ciertas circunstancias que se nos presenten en nuestro diario vivir y la manera de enfrentarlas o resolverlas:

2.3. Algunos consejos prácticos para vivir mejor.

a) Aprenda a sonreír. No perdemos nada cuando sonreímos. Somos mejor valorados cuando brindamos una sonrisa. Hacemos feliz a los demás cuando les sonreímos. Conseguimos que nos respeten y también nos ganamos el aprecio de las personas a quienes les damos una sonrisa, y somos más propensos a hacer amigos cuando regalamos una sonrisa.

b) Sea cortés. La cortesía es uno de los modales más apreciados por la sociedad. Hoy en día la gente está perdiendo el hábito de ser cortés. Pero debemos hacer lo que nadie quiere hacer, esta es la única forma de ser diferente de los demás. No te olvides de saludar cuando te encuentras con alguien. Esto es muy bonito y habla por sí solo del grado de educación que tenemos. La cortesía dice que somos distintos, que hay algo de especial en nosotros.

c) Sea cooperador. Hoy en día todo el mundo está envuelto en sus asuntos personales. Ya nadie se interesa por nadie.

Vivimos en una sociedad que ha perdido el calor y se ha tornado en un espacio frio y carente de amor por los demás. Eso da mucha pena al punto que hemos llegado. Tratemos de ser ayudadores de los demás. Hay muchas personas que necesita de nuestra ayuda. Las personas necesitan afecto, cariño, amor, respeto y compasión. Nosotros podemos poner un granito de arena de nuestra parte y hacer algo para rescatar el planeta donde vivimos, este lugar que Dios nos ha dado y que una vez daba gusto vivir en el pero que hoy se ha vuelto casi insoportable. Hagamos algo de nuestra parte por favor. Creo que es urgente el llamado y no debemos seguir fingiendo que somos ajenos a la realidad. Todos tenemos algo que dar, no importando lo pobre que uno sea, siempre tenemos algo para dar.

d) Muestre respeto por los demás. No le hagas a nadie aquello que no quieres que te hagan. Esta es la regla de plata. Y recuerdas la regla de oro: "haz con los demás de la manera que quieres que hagan contigo". No seas áspero en el trato hacia los demás. Sea decente, eso no le cuesta nada. Trate a las personas con dignidad y respeto. Eso es algo bien bonito y habla de nosotros mismos, de lo bien educados que somos y de nuestra formación profesional y hogareña. Es importante saber que las personas no son objetos sino sujetos y como tales, deben ser tratados con respeto, porque nadie es más que nadie; todos somos seres humanos iguales.

e) Pensemos en los demás. El egoísmo es muy feo. Siempre que nos pongamos nosotros en el primer lugar esto indica que estamos mal, porque no estamos pensando en los demás. Los demás merecen lo mismo que nosotros. Todos los seres humanos tenemos los mismos deseos y las mismas limitaciones, por lo tanto, es sumamente necesario que extendamos la mano al que necesita y que tengamos en cuenta las necesidades de los demás. Cuando somos solidarios con nuestros semejantes no solo estamos siendo cooperadores con los demás, sino que estamos contribuyendo a que haya igualdad para todos. Estamos contribuyendo al equilibrio de todos en igualdad de condiciones. Esto también es justicia social y nobleza con nuestros semejantes.

2.4. El valor de las ideas.

El diccionario de la lengua española define la palabra idea como una 'representación mental de una cosa real o imaginaria, una opinión, un razonamiento, etc.'

En este subcapítulo presenciaremos cuán importante son estas en la vida de todo ser humano. Nuestras ideas son muy importantes para lograr crecer profesionalmente y alcanzar un desarrollo de calidad. Cuando hacemos uso de las ideas reducimos el número de errores y permitimos que lo que realizamos tenga mayor aceptación intelectual.

Estoy convencido de que el mundo gira en base a lo que creemos. Se puede construir un universo si creemos que podemos construirlo y podemos vivir toda una vida sin hacer nada si creemos que no podemos hacer nada. Hay un poder gigante en nuestra mente. Si tenemos una reserva de ideas todo lo podemos hacer posible. Nuestra mentalidad construye el mundo que queremos. Todo depende de nuestras ideas y específicamente del tipo de ideas que tenemos en nuestra mente. Nuestra mentalidad construye el mundo que queremos y puede destruir aquel que no queremos. La idea que tenemos de una persona nos permite acercarnos a ella o alejarnos de la misma. Esta idea que nos formamos sobre alguien es lo que nos permite enamorarnos de ese alguien y confiar plenamente en su amor, creyendo que puede ser nuestra pareja o nuestro amigo. De igual modo la idea que nos formamos de alguien es el elemento que nos dirige a confiar o desconfiar. Basta que aprendamos a usar nuestra mente de una manera correcta y adecuada. Si despertamos nuestra manera de pensar descubriremos que somos la maravilla de la creación. Las personas debemos huir de la pobreza mental que atrapa nuestra imaginación y no nos permite desarrollar nuestro intelecto. Debemos pensar en grande. Pensar en grande marca una gran diferencia. Pensar en grande es pensar correctamente y hacer las cosas bien sin causarle daño a nadie. Es importante que pensemos con altura ya que esto constituye el principal elemento que diferencia a las personas extraordinarias de las personas comunes.

Finalmente, si alguien desea levantarse por encima de lo común, yo le sugiero que use las ideas, que trabaje con ellas, que aprenda a pensar correctamente, porque tus ideas pueden revolucionar al mundo. El mundo será del color con que lo vean tus ojos y del valor que le den nuestras ideas.

2.5 Tenga amigos y construya un círculo de amistad de su confianza.

En su paso por este mundo no es bueno ni aconsejable que estés solo. La soledad enferma el espíritu, y, además, cuando usted caiga en alguna situación de dificultad, si no tiene a alguien a su lado, le será más difícil levantarse. Cuando tenemos a nuestro lado personas que son nuestros amigos la vida se nos hace más fácil y divertida y también nuestra carga se hace más liviana y llevadera. No obstante, debemos tener cuidado al seleccionar a esas personas que serán nuestros amigos. No todo el mundo debe serlo, y mucho menos en este tiempo donde hay tanta decadencia de valores morales y de conducta adecuada. En otras palabras, todo lo que queremos decir es que se debe tener mucho cuidado al momento de seleccionar a esas personas que vamos a brindarles nuestra confianza. Debemos asegurarnos de que las gentes que vamos a tener como nuestros amigos por lo menos compartan ciertas características con nosotros: Deben pensar parecido, tener semejante comportamiento, un sistema de valores como el nuestro, y asegurarnos de que sean personas moral y espiritualmente sanas. Si no podemos tener personas que nos sumen y que de alguna manera sean capaces de ayudarnos desinteresadamente cuando necesitamos de ellos, entonces es mejor que no los elijamos como amigos. Nuestros amigos deberán ser de tal naturaleza que, si nos toca dejarlos solos con nuestros hijos y esposa o esposo, que estemos confiados en ellos, es decir, que esos amigos sean personas confiables que en ausencia de nosotros se comporten como si estuvieran en nuestra presencia o mejor aún. Por otra parte, no debemos depositarle nuestra confianza a alguien que no conocemos bien. Si por la causa que sea, todavía no conocemos bien a alguien, debemos darle más tiempo y compartir un poco más con ellos. Nunca te desesperes, porque la desesperación es parte del fracaso. A las personas que vamos a elegir para ser nuestros amigos tenemos que darle tiempo suficiente hasta que los hayamos conocido bien y nos demos cuenta de que son personas serias, confiables, de buenos valores éticos y espirituales y que realmente valen la pena. Una vez que encuentres a las personas ideales muéstrales también tu amistad incondicional y hazle sentir que son bienvenidos a tu vida, que pueden contar contigo, así como tú cuentas con ellos. Hazle sentir cuan importantes son para ti, y hasta donde sea posible deberás tener una buena empatía con ellos, porque sin lugar a duda la vida con amigos es mejor. Siempre necesitaremos de los buenos amigos y ellos formaran parte esencial de tu éxito y tu bienestar. Al tener buenos amigos te será más **fácil alcanzar el éxito**, porque indiscutiblemente, con amigos, nuestra carga se hace más liviana y más fácil de llevar. Solo asegúrate de que esos amigos no sean personas falsas sino personas confiables, honestas, sinceras y fieles a esa amistad que han construido.

Capítulo 3. Qué es el éxito y cómo alcanzarlo

Una información necesaria que quiero compartir es la siguiente: Mucha gente relaciona la palabra éxito con la tenencia de dinero, pero realmente el éxito no se basa solo en la parte económica. Yo defino éxito como los logros, la realización y el triunfo que puede exhibir una persona en un momento determinado de su vida. Eso es éxito. La persona exitosa es de hecho alguien que no le tiene miedo al trabajo duro y que usa bien su mente para generar las mejores ideas. El éxito se alcanza trabajando, planificando, levantándose temprano y emprendiendo metas. El éxito se alcanza también estudiando y preparándose. El éxito se logra cuando somos organizados y manejamos bien nuestros bienes y no derrochamos lo que conseguimos. Debemos ahorrar y fijarnos metas a largo plazo. No nos apuremos tanto por hacernos rico rápido. Todo llega justo en el tiempo que debe llegar. A veces queremos hacer magia y olvidamos que lo que conseguimos fácil se nos va fácil. Para lograr el éxito debemos tener buena formación y asistir si es posible a conferencias y charlas que eduquen sobre este tema. Es importante saber que el éxito se logra con decisión y perseverancia. La persona fluctuante, aquella que se mueve para todos los lados y las que quieren bailar en todas las fiestas se les hace difícil ser exitosa. Debemos afirmarnos en un solo proyecto y darle seguimiento hasta realizarlo. Debemos hacer un presupuesto, así sabemos con los recursos que contamos, sabemos cuál meta podemos alcanzar y hasta donde podemos arroparnos. Fíjate que en la vida todo es un proceso. Cuando estudiamos, primero comenzamos por la educación inicial, luego ascendemos a la educación elemental o básica, después llegamos a la intermedia, seguimos entonces con la educación pre- universitaria y luego nos matriculamos en la universidad, hasta que finalmente nos graduamos y nos entregan nuestro título. Observemos bien que las persona nacemos siendo un bebé, luego llegamos a niños, pasamos después a la adolescencia, posteriormente nos convertimos en adultos y después llegamos a la vejez. Fijémonos que las plantas también pasan por etapas: sembramos las semillas, luego nacen, entonces crecen y echan flores, después producen los deliciosos frutos y estos hay que dejarlos que maduren para poder entonces aprovecharlos y saborearlos. Así pues, en la vida todo es un proceso. Por eso es que no debemos querer ser personas de éxito de la noche a la mañana. El éxito lleva tiempo. **¿Quieres ser una persona exitosa? Entonces tienes que aprender a vencer el miedo.** El miedo es uno de los obstáculos más grandes que nos impide crecer y llegar al nivel deseado.

3.1. Vencer el miedo.

Las personas vencedoras tienen dos cualidades que las hacen únicas en su clase: Número uno, no tienen miedo y número dos, son atrevidas. Estas cualidades son imprescindibles para toda persona que quiera alcanzar un objetivo, primero porque el mundo está lleno de cobardes, de personas que siempre te van a desanimar y a decirte que tú no puedes, o que tu meta no tiene pie ni cabeza, o que ya hay otros que están haciendo lo mismo y que ellos tienen más recursos que tú para lograrlo o que están más jóvenes y segundo, el mundo está también llenos de personas que no se atreven a hacer nada diferente ni nada grande ni que valga la pena. Hay personas parecidas a las gallinas: les basta un gusano para llenarse el estómago y nada más. Pero si tú eres una persona emprendedora y que te consideras diferente, entonces te invitamos a romper ese paradigma de conformismo y de mentalidad pobre y te invitamos a levantarte y comenzar a volar alto. Debes ser como el águila, que sabe volar bien alto y que no se siente bien cuando está en el suelo. Esta es la diferencia entre el águila y la gallina, la primera le gusta sentirse alta y la segunda le gusta lo bajito.

El miedo es un obstáculo que nos impide avanzar y lograr lo que queremos. Imaginémonos, ¿Cuantos logros y victorias hemos dejado pasar de largo por culpa del miedo? Creo que debemos valorar el potencial que Dios ha puesto en nosotros para cultivarlo y sacarle el mejor provecho posible.

3.2. Nuestra actitud lo dice todo sobre nosotros.

Alguien dijo que la actitud es una pequeña cosa que marca una gran diferencia. Y estoy de acuerdo con esa declaración. Nadie que no tenga una buena actitud podrá lograr grandes cosas, puesto que esta es imprescindible y necesaria para lograr casi todo en la vida. A continuación, te vamos a decir cuáles son las 10 cosas que son necesarias para que cualquier persona se supere. Aquí están:

1- Confianza en sí mismo
2- Iniciativa
3- Actitud
4- Capacidad intelectual
5- Planificación
6- Organización
7- Recursos económicos
8- Tiempo suficiente
9- Perseverancia
10- Fe.

Sin duda, una persona que carece de estas diez cualidades difícilmente pueda superarse y salir de la pobreza.

Es muy importante que sepamos que debemos tener confianza en nosotros mismo para poder conseguir cualquier cosa que queramos, y una vez que confiamos en que nosotros podemos, entonces nos queda más fácil tomar nuestra iniciativa para enfocarnos en el objetivo que deseamos. Después que iniciamos un proyecto hay algo muy necesario que se llama perseverancia la cual, unida a la fe son el fundamento necesario para abrazar lo que hemos soñado tener. Sin fe y perseverancia es imposible conseguir cualquier cosa que deseemos tener. Cuando hablamos de la fe tenemos que reconocer que esta es tan necesaria e importante a la vez, que se constituye en un elemento celestial. La fe viene del cielo y fue hecha por la fuerza de la palabra de Dios.

3.3. Despojarse de ciertas cosas también es parte de nuestro éxito.

¿Qué hacemos la mayoría de las personas con las cosas que nos estorban o que nos causan problemas?

Es posible que muchos estén de acuerdo conmigo en que las cosas que nos estorban o nos causan alguna pérdida a nosotros buscamos la forma de deshacernos de ellas o en otras palabras nos apartamos de las mismas. Las botamos o las regalamos a otros que las necesiten o que les guste, o las vendemos. Las cosas que nos dejan problemas o nos causan algún tipo de conflicto nosotros las sacamos de nuestra vida. Así mismo, para alcanzar el éxito debemos despojarnos de ciertas cosas que están arruinando nuestra vida.

El famoso conferencista Freddy DeAnda, quien se ha convertido en un intelectual muy seguido en las redes sociales dice en una de sus conferencias que "no toda cosa o persona que se va de tu vida es pérdida. Hay momentos que tienes que dejar o soltar algo, aunque sientas que dejarlo ir te vas a matar". Argumenta él que "si no lo suelta, eso es lo que te puedes matar". Dice además el afamado profesional que "el primer paso para crecer es sacar lo viejo y si no creas ese espacio en tu vida jamás podrá saber algo nuevo".

Quiero hacer énfasis en la importancia que esta verdad encierra para el desarrollo personal, y partiendo de este punto comenzaré a enumerar aquellos elementos o cosas de las cuales tenemos que deshacernos para poder abrazar el cambio en nuestra vida. Hay mucha gente que no sabe qué es lo viejo que hay que sacar de dentro de uno, pero voy a decirte de inmediato de cuáles cosas debes apartarte desde ya.

1- Sacas fuera los pensamientos negativos y la actitud pesimista. Aquellos pensamientos que te gritan por dentro y te dicen que tú no puedes. Es tiempo que los expulses de tu vida ya, no les dé más tiempo, y en lugar de ellos colocas el optimismo. Acuérdate que en todo tiempo se debe ser optimista porque sin el optimismo no hay crecimiento.

2- Apártate de las personas tóxicas. Las personas tóxicas son aquellas que le hacen daño a uno, son esas personas que no contribuyen con nuestra mejoría ni con nuestro desarrollo ni con nuestro avance. Las personas tóxicas son personas que no suman a tu progreso de ninguna manera, no son buenas para tu vida. Las personas **tóxicas** suelen tener una doble personalidad y no son sinceras, a su vez son chismosas y calumniadoras además de ser falsas. Estas suelen ser rencorosas y se enojan cuando te ven progresar. No las tengas contigo porque serán un estorbo para tu crecimiento social, económico y profesional.

3- Aléjate de los vicios. Los vicios son como la orina, que no tiene nutrientes sino toxinas. Debemos recordar que los seres humanos para estar sanos necesitamos nutrientes, no toxinas, y los vicios son elementos tóxicos que detienen el desarrollo de las personas y no nos dejan avanzar.

3.4. El problema de los vicios y qué pasa con las personas viciosas.

Es importante destacar que el gran dilema de los vicios en sentido general es que son un elemento de la resta. Cuando expresamos que estos son un elemento de la resta lo que queremos decir es que los vicios en vez de sumarle calidad a nuestra vida le restan calidad y prestigio y al mismo tiempo van dirigiendo paulatinamente nuestro progreso y nuestra prosperidad a la marginación y nos colocan en una posición de desprecio por parte de los demás. Si somos honestos con nosotros mismos debemos aceptar la realidad de que a la mayoría de las personas no les gusta los lazos de amistad con las personas que están sometida a algún vicio y por esa causa las personas que son víctimas de estos comportamientos antisociales se van marginando a sí mismos y se colocan en un estrato social bajo y no deseado por las personas educadas y los estratos de poder de la sociedad.

Otra desventaja que presenta el hecho de ser adicto a un vicio o de practicar este activamente y guardar cierta dependencia de dicho vicio es el hecho de que las personas viciosas casi siempre se quedan atrás. Estas personas viven rezagadas y van adoptando poco a poco cierta dependencia hasta que llegan a una etapa que ya no pueden liberarse, como si se tratara de un pulpo que los atrapa y los domina, impidiéndole salir de la prisión donde se encuentran. A estas personas parece que se les hace más difícil el cambio y el avance hacia el progreso social y económico. Veamos a continuación algunos ejemplos prácticos: ¿Ha observado alguna vez a un fumador? ¿Has visto como los fumadores pierden la salud por causa de la nicotina? ¿Y qué le parece de las personas que dependen del alcohol? ¿Has visto que desubicado son las personas alcohólicas? ¿Y no ha pensado usted en los diversos problemas que genera el uso y consumo de drogas? ¡Cuántas cosas es capaz de hacer una persona bajo los efectos de las drogas!, Y ni siquiera hablar de la situación económica, social y moral de las mujeres que ejercen la prostitución. Por otro lado, nos basta con observar la condición social de los hombres mujeriegos los cuales gastan su dinero en las mujeres libertinas mientras descuidan en la mayoría de los casos el bienestar y seguridad de su familia, y de la misma manera le sucede a los que juegan su dinero en lotería, casinos, juegos de azahar y otros tipos de tabernas.

Analizando cuidadosamente estas situaciones podemos llegar a la conclusión de que para llegar al éxito hay que dejar atrás los vicios. Creo que podemos considerar los vicios como bacterias sociales que nos enferman profesionalmente. Así pues, ahora que ya sabemos que los vicios arruinan nuestra prosperidad debemos tomar conciencia para no dejar que estos entren a nuestra vida. Muchos de los vicios entran a nosotros porque algún "amigo" nos invita a probarlos y otros entran por causa de nuestra "curiosidad", pero en cualquiera de las dos situaciones que se presente, la mejor decisión es desecharla y aprender a decir NO. Para esto hay que tener dominio propio y buen temperamento. Es sumamente importante que aprendamos a decirles no a las cosas que nos hacen daño. Hay que decirles no a las cosas corruptibles porque cada ser humano debe ser capaz de dominar sus impulsos. Podemos negarnos a probar un vicio porque tenemos conocimiento en nuestra mente y sabemos diferenciar lo bueno de lo malo. Yo puedo decirles que no a esos "amigos" que me presentan una tentación porque yo soy una persona sana de mente y no quiero ensuciar mi cuerpo ni dañar mi mente. Debes decirles no a las cosas malas porque tú sabes que esas cosas no te convienen y tú sabes que esas cosas no te ayudan en nada bueno, sino que son un atraso social y espiritual para ti como ser humano. Seamos honestos con nosotros mismos y huyamos de todo tipo de vicios. Así como digo sí para complacer a otros, debo aprender a decir no para complacerme a mí mismo.

Para llegar a ser una persona exitosa tú debes revisar que clases de personas te rodean y comenzar a analizar cuáles de ellas necesitas sacarlas de tu lista de amigos, porque existen personas que nos estimulan a avanzar mientras que hay otras que son dañinas para nuestra vida, nos introducen "virus" para que no avancemos ni logremos nuestro propósito. Esta podría ser una decisión muy difícil, pero se debe hacer. Debemos observar a nuestros amigos y ver cómo actúan, qué hacen, cómo viven, cual es la vibra que transmiten, cómo piensan, etc. Para saber si merecen o no merecen estar en nuestro círculo de amigos.

Lo que la gente habla tiene una fuerte influencia en nuestras decisiones. Es por eso que debemos prestar atención a lo que vamos a decir, y hay también que tener coraje para no aceptar todas las palabras negativas y descompuestas que algunas personas dicen de nosotros en ciertas ocasiones. Debemos estar listos para rechazar esos dardos malignos que nos lanzan a veces. Esos dardos son las palabras descompuestas que en diferentes ocasiones escuchamos que alguien dice de nosotros. Ninguno de nosotros tiene que aceptar las palabras indecorosas de personas inescrupulosas que nos dicen cosas feas y repugnantes porque un triunfador nunca acepta las palabras de derrota que son dirigidas en su contra.

3.5. Si cambias tu manera de hablar, cambiará también tu vida.

Decía Honoré de Bassard que "en el mundo, aunque nada cambie, si yo cambio todo cambia". Estas palabras de Honoré de Bassard están cargadas de sabiduría. Y es que en la vida uno tiene que aprender que, si no cambiamos nosotros, tampoco tenemos derecho de decirle a otros que cambien. El mundo mismo cambia todos los días. Las personas también cambiamos a diario. Las noticias son nuevas cada día y cada día del año están naciendo personas nuevas. En cada segundo que pasa están surgiendo nuevas ideologías y nuevas formas de entender el mundo. Cada ser humano debe estar dispuesto al cambio. El cambio positivo es la cara sonriente de la vida, es el rostro de una nueva creación. Durante siglos los seres humanos hemos sido muy ásperos en nuestra forma de comunicarnos y creo que por eso hemos logrado menos cosas. Creo que por tener los seres humanos una comunicación con muchos defectos (herimos, maltratamos, insultamos, menospreciamos al interlocutor, manifestamos un lenguaje cargado de odio, hablamos sin semántica ni coordinación, nos expresamos sin cortesía etc.). Estas cosas debemos cambiarlas por una ética que nos dirija a una comunicación más efectiva. A continuación, ofrecemos algunas sugerencias que nos pueden ayudar a lograr cualquier cosa que nos propongamos con solo saber comunicarnos de una manera efectiva:

Lo primero que toda persona con una perspectiva de éxito debe saber es que cuando vaya a conversar con alguien debe tener bien claro que esa persona es un ser humano igual que tú y que merece respeto. Esa persona merece la misma atención que nos gustaría a nosotros tener. Mientras no tratemos a los demás con respeto no lograremos hacer empatía con los demás. Yo no he encontrado ningún código de moral que establezca que una determinada persona sea superior a otra. Ni por el color de su piel, ni por su estatura, ni por su raza, ni por su rango, ni por ninguna otra cosa. Lo que existe es autoridades a quien debemos respetar y que ellos deben respetar a los demás también. El respeto es la base cuando queremos sacar algún beneficio de alguien. Pero por ley natural todos los seres humanos tenemos los mismos derechos. Cuando tratamos a alguien con respeto de seguro que recibiremos de regreso el respeto de esa persona hacia nosotros. La fórmula seria: el respeto trae consigo respeto.

En segundo lugar, uno debe ser cortés. Si quieres haz la prueba: trata cortésmente a alguien cuando le vaya a pedir alguna ayuda y observa el resultado, y otra vez busca a esa misma persona o a otra diferente y trátalo de forma brusca sin ninguna cortesía y observa su respuesta, entonces compara cuál de los dos tratamientos te produjo mejores resultados.

El tercer elemento que debes tener en cuenta para lograr algo es que debes aprender a brindar una sonrisa y ser amable. Casi siempre salimos ganando cuando brindamos una sonrisa a alguien. Es impresionante sonreírle a la gente. Cuando sonreímos sembramos la impresión de ser educados y simpáticos, abriéndose puertas a nuestro favor. Ser amable con nuestros semejantes nos hace ganar cierto prestigio, aceptación e interés. A todo el mundo le gusta asistir a una conferencia donde el expositor es chévere y nos hace pasar un momento ameno o por lo menos alejados de los problemas. Además, es por todos sabido que una cara amargada es una cara repugnante y despreciada por todos. Por lo tanto, si ser amables no nos cuesta nada, entonces seamos amables y hagámosle el día feliz a la gente.

En cuarto lugar, toda persona que se considera educada brinda un saludo. El saludar a las personas atrae su atención.

Nunca olvidemos que solo las personas educadas saben saludar a los demás. ¡Qué bien se oye unos buenos días por la mañana! ¡Que emocionante es cuando alguien nos dice, Hola! ¡Que atento es quien nos dice como estas! Esto es algo que marca la diferencia y no solo nos distingue como educados, sino que acaparamos la atención de las personas que nos rodean.

La quinta cosa que debemos tener presente es pedir disculpas cuando fallamos. Qué bonito se ve cuando podemos decir: Discúlpenme, damas y caballeros, cometí un error. Reconozco que me equivoqué y quiero pedirles disculpas. Pido perdón a todos por haberme equivocado… y así sucesivamente.

De esta manera es como podremos cambiar y tener una mejor sociedad. De nada nos sirve justificarnos y no querer aceptar que hemos fallado. De nada nos sirve ser orgullosos y no reconocer nuestros errores. De nada nos vale querer ser perfeccionista cuando sabemos que los errores son de los seres humanos. Lo único que nos puede llevar por un camino mejor es que reconozcamos nuestras faltas, enmendemos nuestros errores y comencemos de nuevo. Entonces tendremos una actitud dispuesta al éxito. El éxito no consiste en lo llena que esté nuestra agenda de trabajo sino en la capacidad que tenemos para lidiar con las personas, dedicarle tiempo de calidad a nuestra familia para que esta sea feliz y en la manera como logramos que los demás nos acepten y se confabulen y relacionen con nosotros.

3.6. Digamos cosas positivas y edificantes a las personas con las que hablamos.

La gente vive en una sociedad cargada de conflictos y con un ambiente lleno de hostilidad. Esa es la realidad de nuestro mundo. Por esta razón las personas que de una manera u otra expresamos nuestras ideas y dirigimos nuestras palabras a los demás, cada vez que hablemos debemos transmitir mensajes constructivos. La expresión positiva y edificante nos ayuda a ser bien aceptados por los demás, al mismo tiempo que nos abre puertas al éxito. Esto es así porque las personas están hastiadas y cansadas de escuchar discursos negativos y entonces uno anda buscando personas diferentes que nos hablen de nuevas experiencias y nos den un discurso esperanzador y lleno de buenas expectativas. Para que podamos superarnos debemos de tener bien claro que el concepto "superación" va más allá del simple hecho de traspasar las barreras que detienen al ser humano. Este concepto podría referirse también al hecho de aprender a aceptar nuestros fracasos sin deprimirnos ni derrumbarnos, hasta que podamos levantarnos y seguir hacia adelante. Sin duda, lo que nos permite ir más allá de lo común es aprender a superar lo cotidiano, aquello que todo el mundo hace. Para alcanzar lo extraordinario tenemos que dejar atrás lo ordinario y comenzar a hacer cosas extraordinarias. Esas cosas extraordinarias no son aquellas que están reservadas para científicos e intelectuales, por lo general son cosas sencillas pero que nadie se ha atrevido a hacer. Cuando realizamos las cosas sencillas que nadie hace entonces estamos haciendo ya cosas extraordinarias. El empleado de una compañía, que se quedó a trabajar una hora más después que su turno terminó, cuando todos los demás se fueron a su casa, ese está haciendo algo extraordinario, o el conductor que detuvo su vehículo para recoger a un herido que yace en medio de la calle y llevarlo al hospital, cuando nadie se detuvo, está haciendo algo extraordinario... ¡Basta con que marquemos la diferencia! El gobierno que desarrolla su país es aquel que no solo trabaja mucho por el desarrollo, sino que, aparte de eso es capaz de hacer las cosas que ningún otro se ha atrevido a realizar. El hombre que se desarrolla es aquel que implementa proyectos fuera de lo común. La persona que llega a la cima es aquella que sabe subir peldaños. El concepto de superación se puede entender como la voluntad que mueve a una persona a hacer las cosas mejor que como la hizo otro. Por tanto, las personas que tienen un concepto de superación dan siempre lo mejor de sí y hacen su trabajo de la mejor manera posible, dando siempre lo mejor y nada menos que lo mejor de sí. El ingeniero que tiene la idea de convertirse en el mejor ingeniero del pueblo es aquel que construye las mejores obras. Este profesional de la ingeniería observa las calles de la ciudad y cuando le toca construir una la construye mejor que las demás calles y con el mejor diseño y calidad. Asimismo, el médico que tiene este concepto es el que pone mejor calidad en el servicio que presta a sus pacientes. También el abogado que tiene un concepto de éxito en su carrera se convierte en el profesional que presta el mejor servicio a sus clientes y el que se prepara mejor en el ejercicio de su profesión. Por otro lado, el estudiante que quiere superarse estudia mucho y pasa todos sus exámenes con (A). De modo que claramente podemos notar que quien tiene un concepto de superación es aquel que es capaz de subir a la cumbre y levantar la bandera, pero para esto hace falta una palabra que se llama: ATREVERSE, dado que nadie puede subir a lo más alto si no comienza escalando el peldaño más bajo.

3.7. Si hablas cosas que la gente quiere escuchar te será más fácil ganarte a la gente.

¿Sabes por qué la gente sigue a los políticos? ¿Por qué se sientan a escuchar a los filósofos? ¿Por qué están atentos a lo que dicen los pastores? ¿Por qué asisten a una conferencia?... ¿Sabes por qué? La respuesta es simplemente porque estas gentes hablan palabras que los demás quieren escuchar. Si alguien quiere ganar influencia y desarrollarse profesionalmente y económicamente se hace necesario una sola cosa: Saber hablar. Eso es todo lo que necesita para ganar cualquier batalla. Cuando mejoramos nuestra dicción y adquirimos conocimiento de la gramática nos hacemos más elocuentes y, por lo tanto, al hacernos más elocuentes atraemos en mayor medida la atención de las personas y esto nos abre una plataforma para alcanzar un objetivo. Esto nos abre pasos para escalar los peldaños que nos conducen a una excelente posición. El poder que tiene nuestras palabras es inmensamente sublime y grande. Un discurso expresado con las palabras adecuadas y la motivación necesaria puede ser el arma más poderosa para convencer a un pueblo a hacer cualquier cosa o a no hacerla como también podría ser para que dicho pueblo cambie la idea que tiene sobre algo ya sea esta positiva o negativa. Las palabras bien dichas tienen mucho poder y nada hay en el mundo que sea más capaz de convencer o de hacer cambiar a alguien que ellas, específicamente cuando nuestras palabras la decimos de forma correcta se convierten en una herramienta muy eficiente. Estas son algunas de las causas por las que debemos cuidar de lo que decimos. Al hablar, nos convienen más las palabras suaves y dulces que las ásperas y ofensivas. De modo que debemos ser amables en toda ocasión y aprender que el poder de las palabras está en nuestra posesión y que dependiendo de cómo hablemos conseguiremos ganar la lucha o perder la batalla. Debemos prestar mucha atención a lo que decimos y cómo lo decimos, porque las palabras son poderosas en nuestra vida y pueden salvarnos o perjudicarnos. La fuerza de un simple si o de un simple no está repleta de poder. A veces un sí nos cuesta la vida y un no, nos la salva, o viceversa. Imaginemos solamente el valor de un sí y de un no cuando estamos en un tribunal o corte de justicia. El juez dice: "Dígame señor/a juan/a, ¿fue usted que mató al occiso fulano de tal?" En este momento un sí como respuesta desencadenaría una sentencia condenatoria y una vida entera en la cárcel, y decir no, podría suponer la libertad del imputado. Esto es solo para que tengamos una idea de lo poderosa que son las palabras. Además, no basta con saber el valor de las palabras solamente. Es indispensable el saber comunicarse, es muy necesario que tengamos un conocimiento básico de la semántica del lenguaje que hablamos, dado que en un mensaje donde no escribimos ni puntos ni comas, se convierte en confuso y puede traer serias consecuencias. Recuerdo el caso de un fiscal que le envía un recluso a la policía para ponerlo en la cárcel y le manda el siguiente mensaje: "comandante coronel … ahí le envío al recluso Juan Pérez. Lo que pido para él es cárcel no muerte". El fiscal pedía cárcel, no muerte. El policía interpretó lo contrario: cárcel no, muerte. Así terminó matando al reo, porque el fiscal omitió colocar una coma. Así de sencillo, una coma le costó la vida a un ser humano. Aquí podemos ver lo importante que es transmitir correctamente y con claridad el mensaje que expresamos.

Capítulo 4. Importancia de nuestra preparación académica.

4.1. El conocimiento humano.

Uno de los eventos más emocionantes de la vida es aquel cuando logramos graduarnos de una profesión o de un curso que nos servirá para toda la vida. El conocimiento es una inversión tal como lo es tener muchos millones de dólares en un banco. El dinero se acaba, pero el conocimiento no. Creo que el conocimiento es sin dudas la mejor inversión que podemos hacer como personas. Hoy en día grandes empresas y corporaciones a nivel mundial han entendido este valor que tiene la educación y están haciendo un gran esfuerzo para poner a la disposición del mundo este valor inalienable del conocimiento humano. El conocimiento es una inversión que no posee precio alguno porque su valor no es cuantificable. No hay cifra alguna que sea capaz de establecerle un precio cuantitativo al conocimiento. En otras palabras, vale decir que el conocimiento es tan importante y valioso que no tiene precio. La mayor parte del conocimiento que tenga una persona se adquiere estudiando, leyendo y preparándose. Esta preparación académica cuesta mucho esfuerzo. A veces hay que acostarse de madrugada estudiando, y en ocasiones hay que comprar libros caros y pagar matrícula de universidad, y sacrificar nuestros gustos y el tiempo que pasamos con los amigos, pero vale la pena hacerlo. Es lo único que nos garantiza un futuro satisfactorio.

4.2. Ventajas que tiene para nosotros estudiar y prepararnos.

A continuación, voy a enumerar algunas de las ventajas que tiene para nosotros nuestra preparación académica. En primer lugar, cuando nos preparamos bien académicamente hemos dado un salto de la ignorancia al conocimiento. Así pues, tener conocimiento nos coloca en la fila del liderazgo, estamos listos para dirigir en vez de que nos dirijan. Otro beneficio que tenemos cuando estudiamos y nos preparamos bien es que ya contamos con una profesión, por lo tanto, ya contamos con algo específico a la hora de buscar empleo. En tercer lugar, se nos abre una puerta para ganar más dinero. Otra ventaja es que podemos ayudar a otros y que esos otros se beneficien de lo que sabemos o hemos aprendido. La quinta ventaja que nos ofrece habernos preparado es el hecho de conseguir un trabajo poco forzado o un trabajo cómodo que no afecte nuestra calidad de vida. Sexta ventaja consiste en el ascenso social que representa cuando tenemos una profesión. Y la séptima ventaja consiste en el prestigio que recibimos cuando la gente sabe que somos profesionales. Estas son solo unas de los miles de ventajas que podemos exhibir producto de nuestra preparación académica.

4.3. Lo que es de vital importancia no puede esperar.

La preparación académica es vital para la superación personal. Muchas personas creen que la preparación académica no es muy importante. Esas personas argumentan que lo más importante para lograr un status económico es el trabajo, y creen que el trabajo duro es la base para la adquisición de este status, por lo que creen que el trabajo duro es lo primero y más importante. Todos sabemos que el trabajo es imprescindible para la supervivencia humana, pero hace falta otros complementos. Lo que ocurre es que las personas que piensan de esa manera necesitan orientación y mucha información para que puedan aterrizar en la realidad. Es posible que cuando estábamos pequeños se nos dijo que hay que trabajar duro para vivir, y otras personas no conocen un método para vivir que sea diferente al trabajo duro, porque han pasado toda su vida desgastándose para poder malvivir, y esa mentalidad forma parte de su modus vivendi, o de la manera como su círculo familiar y social le han enseñado durante muchos años. Pero no debemos olvidarnos de que lo que realmente cuenta para nuestra superación y la conquista del éxito es realmente nuestra preparación académica que nos permite crear un nuevo nivel de vida, encarar una nueva actitud hacia el logro de un porvenir mejor, crear cuantas ideas sean necesarias para acabar con los viejos paradigmas que enjaularon nuestra mentalidad y para abrirnos nuevos horizontes.

Lo cierto es que nuestra formación académica nos ayuda muchísimo y es una buena alternativa que se debe tener en cuenta. Esta preparación académica es importante porque nos capacita y nos hace personas con un buen desenvolvimiento y un buen entendimiento sobre como presupuestarnos y manejar mejor el dinero que poseemos. Debido a que el dinero es un bien que tiene un valor atribuido, las personas necesitan cierto grado de estudio o formación académica para hacer un buen manejo de este. Tú puedes administrar dinero sin tener un grado académico pero es posible que no tengas suficiente capacidad para administrarlo de una manera correcta y tu proyecto colapse por falta de conocimiento. Es por esa causa que hacemos énfasis en la parte académica de la persona.

4.4. Cómo elegir la carrera adecuada, la que queremos estudiar.

Hay algo que debemos tener en cuenta al momento de elegir la profesión que nos gusta y es que debemos elegir la carrera con la que mejor nos identificamos. Por ejemplo, si usted no es muy amante de la lectura trate de no estudiar una carrera donde la lectura sea una necesidad. Carreras como Derecho y medicina no serían convenientes para personas que no le gusta leer mucho. Es mejor que se incline por la Contabilidad o las Matemáticas. Si usted es una persona un poco taciturna y que no le agrada trabajar con personas, entonces no es recomendable que estudie Educación o carreras afines. Si usted es diestro/a en Matemática entonces usted podría estudiar una carrera en Estadística, Contabilidad, Física y Química o ciencias afines. Si amas la lectura usted puede ser un candidato a estudiar Literatura, Filosofía y Derecho, y así sucesivamente.

4.5. ¿Y qué pasa si estoy indeciso acerca de qué carrera estudiar?

Tenga en cuenta que las universidades tienen un departamento de orientación psicológica y consejería que está listo siempre para ayudar a los estudiantes a elegir la carrera apropiada. Usted puede dirigirse a ese departamento y solicitar una asesoría estudiantil que determine qué carrera es la que usted debe estudiar, y ellos le harán una evaluación psicopedagógica y de esa manera determinarán cuál es la carrera que está más acorde con usted. Tenga mucho cuidado con elegir una carrera sin estar seguro/a de que usted tiene el perfil que esa carrera establece, puesto que eso se podría traducir en pérdida de tiempo para usted o en un atraso para graduarse. Hay muchas personas que después que están por la mitad de su carrera se dan cuenta que eligieron una profesión equivocada y la dejan y se inscriben en otra carrera, comenzando en cero otra vez, y esta situación se traduce en una pérdida de tiempo, la que resulta en tener que esperar más para graduarnos y un mayor gasto de dinero.

De todo modo, lo cierto es que nuestra preparación académica es una columna sólida para la construcción del éxito.

No importa cuánto nos cueste educarnos ni el precio que haya que pagar para lograrlo, la educación que adquirimos hoy es la plataforma para un mejor mañana. Y como dijo un famoso erudito: "Si crees que la educación es cara, pregúntate cuánto cuesta la ignorancia". Creo que esa es una gran verdad. La ignorancia sale tan cara que siempre vivimos pagándola a ella y sus intereses. No importa que tan tarde hayas comenzado a estudiar, lo que si realmente importa es la capacidad que tu tengas para seguir hacia adelante. Para nadie es un secreto que la mejor edad para emprender un sueño o desafiar algo que queremos lograr es durante la niñez temprana, mientras más temprano se comienza es mejor, pero eso no significa que los que se han quedado atrás no puedan comenzar. A veces lo que cuenta es el deseo o la aspiración de querer hacer algo y comenzar a hacerlo. No es recomendable lamentarse por no haber podido lograr nuestro deseo con el que crecimos y tanto anhelamos. Lo recomendable es reflexionar en cuán importante es que no nos quedemos parados en el mismo punto donde siempre hemos estado, sino que tomemos iniciativa diciéndole a los demás que si se puede y sirviendo de ejemplo para impulsar a los demás que nos observan y dejar un legado en el mundo de cuán importante es estudiar para tener un futuro mejor.

4.6. Cómo visualizas tu futuro.

Voy a comenzar haciendo una pregunta que nos pondrá a pensar acerca de este tema. ¿Qué pasa cuando una persona tiene ceguera? Lo más probable es que esa persona no pueda ver bien, o que no pueda ver lejos, o que vea borroso o que no tenga una visión clara. Para que esa persona vea correctamente tiene que buscar ayuda profesional que le sane de ese problema de ceguera. Nuestro futuro debemos verlo con una visión clara y sana. Es necesario que entendamos que la manera como visualizamos nuestro futuro nos predice el tipo de futuro que tendremos, y si usted cree que eso no es verdad, entonces preste mucha atención a lo siguiente: Cuando una persona tiene una visión pequeña, su porvenir será también pequeño. Pensar en grande significa tener un porvenir grande. Como somos hoy podría afectar o incidir en nuestro mañana. Por eso es que debemos pensar en grande, tener ideas grandes y brillantes, pensar en un proyecto grande, creer que podemos tener siempre lo mejor. Seamos optimistas en todo y no dejemos que lo negativo invada el área de nuestra vida que esta designada para ser grande. No olvidemos nunca que nuestro hoy, si no tomamos medidas para mejorarlo pasara a ser el futuro que tendremos en iguales condiciones que nuestro presente. La práctica cotidiana nos enseña que hay una gran diversidad de maneras como la gente piensa. Esto podría entenderse como una ecuación matemática: pensar incorrectamente equivale a vivir equivocadamente, y vivir equivocado es igual a tener una familia equivocada, la cual sienta la base para una sociedad equivocada. Para las personas correctas, entregar nuestra vida a los vicios es algo incorrecto, pero si le preguntáramos a las personas que viven en los vicios si ese estilo de vida es bueno o malo, nos dirán que es bueno, porque ellos así lo conciben y se sienten bien, y para ellos es tan bueno que han decidido adoptarlo como su estilo de vida. Para las personas pacíficas la violencia es dañina, pero para los violentos, lo malo sería ser pacífico. Para las personas que tienen moral, tener varias parejas sentimentales no está bien, pero para los inmorales eso no sería nada por lo que haya que preocuparse. Lamentablemente es así como está nuestro mundo. Pero eso no significa que debemos hacer las cosas como otros las hacen por el hecho de que para ellos está todo bien; el secreto está en hacer las cosas bien o hacerlas diferente a como las hacen los demás que entienden que su interpretación de las mismas es correcta. ¿Cómo visualizo mi futuro? Es una pregunta que nos debe interesar. Es bueno que sepamos qué tipo de personas somos, cómo estamos pensando y cómo estamos actuando. Es importante además que conozcamos cuales cosas marchitan nuestro progreso hacia un buen futuro. Hay cosas que nos impiden avanzar con libertad y se convierten en obstáculos al momento que nos trazamos un objetivo o cuando pensamos en una visión que queremos conquistar. Los siguientes bichos debilitan nuestra fortaleza para conquistar la cumbre de la prosperidad: desánimo, preocupación, angustia o amargura, tristeza, depresión, odio, rencor, envidia, resentimiento, pereza, baja autoestima, sentimiento de inferioridad, la avaricia, el conformismo, incredulidad y desesperación, entre otros.

Hay personas que siempre están preocupados. La preocupación es una barrera que limita nuestro libre acceso a la superación. Si queremos ser seres libres tenemos que despojarnos de la preocupación mental. No debemos preocuparnos por todas las cosas que ocurren a nuestro alrededor, puesto que la preocupación es una barrera que limita nuestro libre pensamiento y no nos deja ser lo que queremos ni lograr aquello con lo que siempre hemos soñado. Si vivimos bajo el peso de la preocupación será muy difícil que alcancemos un futuro que valga la pena. Es muy importante que sepamos que para lograr un futuro prometedor debemos despojarnos de toda cosa que nos limita, y al mismo tiempo liberar nuestra mente, puesto que nuestra mente no debemos tomarla como un depósito para guardar basura ni las cosas que nos perjudican, en cambio nuestra mente debe estar libre de pensamientos enfermizos y prejuicios que le afecten a su desenvolvimiento y salud emocional. De igual manera, la depresión es una enemiga mortal de cada uno de nosotros. Esta es una enfermedad que afecta el sistema nervioso y también nuestras emociones, cobrando miles de vidas cada año. La depresión es posiblemente una de las peores polillas que pueden combatirnos, porque esta le da un duro golpe a nuestra fe con la que contamos para lograr grandes cosas. Una persona depresiva es una persona que emocionalmente esta destruida o caída, y esto es grave para los triunfadores, para los que corremos con la perspectiva de ganar. Echemos fuera de nuestra vida la depresión porque la depresión nos hace ver el mundo nublado, grisáceo y negro, entristeciéndonos y sometiéndonos a vivir con pena, cuando en realidad los seres humanos necesitamos vivir felices y contentos. Nadie puede vivir y tener un futuro próspero si vive deprimido.

Hay sin duda alguna un aspecto de la personalidad humana que crea una barrera que nos impide tener un futuro prometedor y ese aspecto se llama el conformismo. Existen miles de personas conformistas, unos de cierta forma y otros de otras, pero con honestidad el conformismo, aunque no lo veamos como una enfermedad como en el caso de la depresión, el conformismo es otro problema grave. Lo que muchas personas no saben es que el conformismo es muy peligroso porque aparentemente no le hace daño a nadie, pero es un enemigo estratégico y silencioso como el cáncer. El conformismo, aparentemente no se ve, pero está ahí haciendo su efecto. La persona conformista cree que todo está bien, y cuando viene a abrir los ojos ya no hay tiempo, ya tiene la muerte encima, y se muere sin nada, como mismo nació. Cuando una persona es conformista se siente bien con lo que tiene y piensa que es una persona bendecida con lo que tiene. Cree que está destinado a vivir toda su vida así y que todo está bien, porque si tiene, aunque sea un billete en su bolsillo, con eso hace lo que se pueda y come lo que pueda comprar con ese billete. Para esta persona, el no merece una comida buena ni un buen banquete, esta persona que es conformista tiene una mente que le dice que para qué esforzarse mucho si como quiera vamos a morir, que para qué tener una casa buena si cuando muera la va a dejar, que para qué tener dinero si lo importante es estar vivo. Cosas así son las que hablan las personas conformistas. El conformismo es un trastorno de nuestra personalidad que se opone a que consigamos cosas mejores. Una persona conformista es casi imposible que se supere. Por otra parte, todos sabemos cuan dañina es el ansia desmedida de riquezas, de poder o de dinero de manera deshonesta, y asimismo lo es también la avaricia. Estas falsedades nos alejan de lo puro y lo sencillo, pero tener un espíritu de conformismo no nos ayuda en nada. Para el conformista todo está bien desde su punto de vista, y como el conformista no tiene una meta ni un objetivo para alcanzar, toda su vida esta frustrada y sepultada, desde el punto de vista de la superación personal.

Mi recomendación para todo aquel que quiera llegar lejos en los horizontes de la vida es que se fije siempre metas. No vivas a tientas como quien anda en la oscuridad, fíjese un objetivo y trabaje para alcanzarlo. Trabaje, estudie y prepárese. No seas una carga para nadie. No vivas del cuento. Trates de superarse y no seas conformista. No vivas lamentándose ni haciéndose la víctima. No trates de recostarse para vivir de los demás. Sea sabio y use la inteligencia que Dios le dio, y deje un legado para el bien de los demás. Sea diligente siempre y no se duerma a mitad del camino. Sea próspero y tenga éxito.

4.7. Tú decides lo que quieres ser en la vida.

Nadie más forma tu destino. Tu destino lo forma tú mismo. La decisión tuya debe ser algo serio. Escúchalo bien: la decisión de lo que uno quiere ser en la vida no debe ser tomada por ningún otro. Solo tú decides lo que quieres ser y a dónde quieres llegar. Cada día observamos que nadie quiere quedarse como nació, todos queremos ser alguien importante. Todos queremos destacarnos. Todos queremos ser diferentes. Entonces, ¿por qué no hacemos algo que valga la pena, para lograrlo? ¿por qué no nos esforzamos? ¿por qué somos pesimista? ¿por qué se nos hace tan difícil dar el primer paso? ¿O es que acaso no nos damos cuenta de que lo más importante de todo trabajo o proyecto es comenzar? Te voy a decir algo: cuando vayas a hacer algo, hazlo. Esfuérzate por dar el primer paso. Cuando hayas dado el primer paso, el segundo y el tercero y todos los demás serán más fácil. Todos los pasos que necesitamos para apropiarnos de algo están esperando que demos el primer paso para ellos seguirle detrás. Es por eso que es tan importante que demos el primer paso. Sin dudas, cada persona decide lo que quiere ser en la sociedad. Tu decisión no debe ser tomada por otros y ni siquiera está bien que obliguemos a nuestros hijos a estudiar la carrera que a nosotros nos gusta, son ellos los que deben elegir cuál carrera quieren estudiar. Está bien que le demos cierta orientación a nuestros hijos al momento de elegir su carrera, pero no está bien que los induzcamos a estudiar lo que nosotros queremos que ellos estudien. Deje a sus hijos ser ellos mismos. Enséñeles el laberinto, pero deje que sean ellos quienes aprendan a buscar el camino. Es a tu hijo o hija que le corresponde decidir si quiere ser un abogado, médico, maestro, enfermero o mecánico, usted no debe elegir por ellos. Esto es así porque nosotros tenemos la elección de decidir por nosotros mismos lo que deseamos ser.

Hay un consejo bíblico que nos invita que cuando pongamos la mano en el arado, que no volvamos atrás. Es importante que aprendamos de este consejo sagrado. Si emprendemos un proyecto y lo dejamos sin terminar, o por la mitad, es como el médico que comienza a examinar a un paciente y luego lo abandona sin terminar de diagnosticarlo y darle el tratamiento que necesita. Si usted es una de las personas que siempre está hablando de hacer cosas y de realizar proyectos y de hacer negocios, y de conseguir dinero y llevar a cabo algo, pero no das el primer paso, permítame decirle con todo el respeto que usted merece y en honor a la verdad, que usted no tiene nada de excepcional. Usted es uno como todos los demás y no merece el elogio por nada de lo que dice que va a hacer. El elogio se da cuando se pasa del dicho al hecho. Son pocas las personas que tienen la característica de ser emprendedoras. Creo que ser emprendedor es una virtud que muy pocos la poseen, pero aquellos que tienen el privilegio de tenerla, siempre los vemos arriba, de pies, y mostrando que son diferentes de los demás que no son como ellos.

Recuerdas que eres tú el que decides lo que quieres ser en esta tierra. Enfócate en lo que quieras hacer y no permitas que nadie se te vaya delante. Y, porque sé que tú puedes, aprende a dar el primer paso, porque el primer paso es el más importante de todos, pero nunca dé el primer paso para hacer cosas inútiles o que te perjudiquen, el primer paso siempre debe darse para hacer todas las cosas que nos ayudan a ser mejor y nos enaltecen.

Preguntas para reflexionar:

¿Si usted tuviera la oportunidad de hacer algo que pueda cambiar al mundo, qué cosa extraordinaria hiciera?

¿Por qué es tan importante que vayamos del dicho al hecho, de las palabras a la acción?

¿Qué legado le podemos dejar a las futuras generaciones que sirva como parámetro para que siempre nos recuerden y hablen bien de nosotros?

¿Qué le estamos enseñando a nuestros hijos e hijas que los ayudará a ser personas de bien, y que pueden ser un buen referente para la sociedad actual y las futuras generaciones?

Capítulo 5. Obstáculos que se presentan en el camino hacia el éxito

5.1. ¿Qué es un obstáculo?

Un obstáculo se define como una barrera. Todo aquello que impide el desarrollo de una acción o que impide avanzar hacia un lugar, hacia un punto o hacia una meta, se llama obstáculo. Prestemos mucha atención y observemos que aquí la palabra núcleo del predicado en esta definición es el verbo "impedir", es decir que la función principal de un obstáculo es impedir la realización de algo que queremos hacer. Partiendo de esta verdad tenemos que colegir diciendo que cuando una persona se involucra en el proceso de superarse personalmente, esa persona que podemos ser nosotros mismos, encuentra muchos diferentes tipos de barreras que se interpondrán con la intención de impedir que uno avance y logre alcanzar la meta.

Los obstáculos generalmente son cosas de la vida cotidiana que nos acompañan y dificultan nuestro avance. Un obstáculo no es nada que viene de otro mundo, ni nada por el estilo. Ellos viven con nosotros y se crían con nosotros. A veces se presentan repentinamente y nos sorprenden. Otras veces los obstáculos atacan nuestro lado más débil buscando atarnos a ellos, o que nos acomodemos a ellos, o que hagamos de ellos un modo de vida. Así son los obstáculos. A continuación, vamos a enumerar una serie de los obstáculos más comunes que se interponen delante de las personas que andan buscando el éxito. Es común escuchar personas que se quejan constantemente. Para nadie es un secreto que vivimos en un mundo de puras quejas. Hay personas haciéndose la victima por todo lado, vemos gente que se queja de todo, otros parecen que todo lo que presencian son las cosas negativas, el espíritu de queja y falta de agradecimiento aflora por doquier, son gentes que propagan un mundo sombrío y en decadencia, pero nunca dan gracias a Dios por lo bello que es la vida y por las cosas buenas que tiene y disfrutamos a diario. Hay personas que todo lo convierten en una barrera o que al menos el pesimismo con el que viven hace que todo parezca una inmensa oscuridad, y como dijimos a comienzo de este capítulo, todo aquello que impide avanzar hacia un punto o una meta se llama obstáculo. Este no siempre viene de afuera, sino que a veces nosotros mismos lo creamos. En determinadas ocasiones nuestra actitud es la que crea la mayor parte de los atajos que durante todo nuestro camino van a hacernos la vida imposible. Cabe destacar que los principales obstáculos que uno enfrenta en los caminos hacia la superación personal son los siguientes:

- El miedo. La mayoría de las personas parece como si viviesen en un mundo donde el miedo es el protagonista. No cabe la menor duda de que vivimos en una sociedad invadida por el miedo. La gente tiene miedo a hacer un desafío serio. La gente teme perseguir una meta, tiene miedo a las críticas, se teme además al estado de inseguridad en el que está la sociedad, sentimos miedo a fracasar, existe el miedo a lo que dirán los demás, miedo a que nuestro proyecto no resulte ser o no pueda desarrollarse, o a que la gente nos señale, etc. En sentido general hay miedo por doquier, y ese miedo crea la mayor parte de nuestra inseguridad. Por lo tanto, el miedo es el primer obstáculo que se interpone

en el camino hacia nuestra superación personal, social y espiritual.
- La duda. Sin vacilar en lo que vamos a decir, la duda es un obstáculo casi tan devastador como el miedo mismo. Cuando una persona tiene dudas acerca de lo que quiere emprender, es recomendable que se detenga y que deje todo paralizado hasta que busque luz, ayuda y clarificación. Nada con duda sale bien. La duda es el principal enemigo de la fe. La duda te hace desconfiar. El que tiene dudas no quiere aterrizar, porque no está seguro de que le irá bien y no tiene confianza en sí mismo ni en nadie más. Entonces, el individuo que tiene duda se le hace imposible ver su sueño realizado porque vive en una ambivalencia mental. Este individuo quiere y no quiere a la misma vez. Este individuo no tiene firmeza y cualquier viento lo puede tirar al mar. Donde mora la duda, la fe se va.
- La desesperación. Esta es la enemiga principal de la sensatez. Para la realización profesional de alguien es recomendable ser sensato. Sin embargo, aquellos que actúan con desesperación pierden toda sensatez. Una persona es sensata cuando actúa con cordura, con sabiduría, lucidez y sapiencia, que tiene buen control emocional y capacidad para hacer una evaluación pacifica sin perder la calma ni entrar en un estado de turbulencia de las emociones. Por lo tanto, el que es un desesperado difícilmente alcance a lograr su meta ni superarse como persona.
- Las murmuraciones, señalamientos, dardos y críticas negativas que recibimos del entorno exterior a veces se constituyen en obstáculos que se suman a la lista de los elementos considerados impedimentos constitutivos de las limitantes de la realización personal y profesional. Es importante cuando se quiere lograr un objetivo tener presente que todos estos abstractos que hemos mencionado anteriormente

estarán presente para bloquearnos e impedirnos ser personas exitosas cuando tratamos de lanzar un proyecto o llevar a cabo un trabajo que nos encamine a la cima del éxito.

5.2. Otras barreras que bloquean al éxito y la superación personal.

Tomando en cuenta los diferentes factores que mencionamos anteriormente, consideramos que sería importante además referirnos a otros que también se presentan a veces, y que ejercen un gran poder negativo para impedirnos alcanzar aquello que tanto anhelamos. Quiero alertar a todos nuestros lectores a tener mucho cuidado cuando emprendan una meta y vean que se presentan algunos de los siguientes obstáculos que vamos a mencionar. Puede presentársenos algo como, por ejemplo:

1. Quiero emprender tal proyecto, pero temo que fracase. Aquí en este caso nos encontramos con la predisposición al fracaso, algo muy común que se presenta con frecuencia al momento de emprender un proyecto o iniciar una empresa o emprender una acción determinada. Nadie puede moverse hacia adelante si esta predispuesto a hacerlo. Quiero que esto quede bien claro en la mente de cada persona: Que nadie puede cosechar si primero no se atreve a sembrar. Tú no puedes lograr nada si en tu mente hay un bloqueo que te impide lanzarte a conquistar eso que tu entiendes que puedes hacer un cambio en tu vida.
2. La mentalidad negativa representa otro problema el cual no nos permite desarrollarnos como entes sociales. En este punto debemos ser honestos con nosotros mismos. Hay muchas personas que tienen el deseo de crecer y convertirse en la persona que sueñan ser, pero adolecen de este problema que vulnera su desarrollo, porque cada vez que quieren emprender un proyecto que lo puede impulsar y transfor-

mar, retroceden por causa de su actitud negativa. Así que si alguno de nosotros se encuentra en dicha situación o siente que su actitud negativa lo reprime cada vez que quiere emprender un buen proyecto, es aconsejable detenerse a meditar que debe reprender toda posibilidad de quedar en las manos de todo lo que sea negativo.

3. ¿Por qué no piensas en grande? Si tienes una mente pequeña, un pensamiento pobre o una escasez de mentalidad, también es probable que te quedes atrás. A estos distractores del crecimiento y la superación personal le pudiéramos llamar pobreza mental, y te vamos a explicar el por qué: hay personas que no visualizan nada grande, cuando se le habla de un proyecto de buena magnitud esto le parece imposible de alcanzar, se menosprecian a sí mismos y se restan calidad, creen que ellos no tienen ese potencial para alcanzar lo que para ellos es algo muy grande, esas personas se subestiman, y se consideran a sí mismos unos pobrecitos. El caso es que, si estas personas tienen una forma de pensar tan pequeña o tan pobre, creo que será muy difícil que lleguen a alcanzar algo que valga la pena. Si tú piensas pobremente, se te va a hacer difícil que tenga capacidad para manejar una prosperidad y administrarla bien. La pobreza mental o el pensar en pequeño constituye un grave problema para nuestra superación personal y para el logro de grandes objetivos. Así que tengamos mucho cuidado con nuestra manera de pensar, aquí cabe el dicho "dime cómo piensas y te diré quién eres".

4. Tengo miedo al qué dirán. Esta frase la escuchamos a menudo, y se debe al hecho de que algunas personas no son lo suficientemente atrevidas cuando hay que lanzarse a la conquista de algo significativo. Cuando tenemos miedo a lo que dirán los demás en el momento de conquistar el éxito es como decir que no tenemos madurez. La persona madu-

ra debe enfrentarse a los desafíos y encarar cada situación de su vida con la mejor madurez posible. Es verdad que a veces debemos pensar en lo que dirán los demás, pero eso debe ser cuando queremos hacer algo que dañe nuestra reputación, pero siempre que se trate de lanzarnos a emprender una acción de progreso no debemos tener miedo a lo que dicen los demás. Es bonito cuando mostramos adultez en nuestras acciones y en el desempeño de nuestro deber como personas.

5. Otro asunto que pone en riesgo llegar a la cumbre es cuando queremos complacer a todo el mundo. Tengamos bien en claro que el que quiere complacer a todos generalmente se va a la ruina. Es imposible querer complacer a todos los amigos o "curiosos" porque cada uno nos dará su opinión y su parecer y se nos creará un desastre que fuera mejor no haberle hecho caso a todo el mundo. Definitivamente el que quiere complacer a todos termina arruinándose. Cuando vayamos a emprender un proyecto, meta u objetivo será mejor no hacerle caso a todo aquel que quiera opinar sino hacernos responsables nosotros mismos de nuestro triunfo o de nuestra derrota, pero enfrentar las tormentas que puedan venir con toda seriedad y profesionalidad.

6. A veces, nuestra falta de preparación profesional puede constituir un atajo para escalar a la cima. No es igual una persona con grado universitario a otra persona que se ha quedado con una educación elemental o básica, sin embargo, se han dado casos de personas que no tienen una educación de nivel alto y que son buenos empresarios y excelentes administradores. La realidad es que no siempre la falta de preparación es un problema para triunfar, pero hay más posibilidad de ser exitoso si se posee un buen fundamento educativo o una buena preparación académica que cuando la persona carece de conocimientos escolares, porque

siendo verás, a mayor preparación, mayor información, y mientras mayor es la información que tenemos, mejor es la formación.

5.3. ¿Qué debemos hacer para vencer todos los obstáculos que nos impiden alcanzar el éxito?

Quisiera comenzar formulando una pregunta introductoria que nos pondrá a pensar y a generar algunas respuestas. La pregunta es esta: ¿Has visto cómo funcionan las personas cuando están enamoradas? ¿Qué hace una persona enamorada por conquistar el amor de otra? Piensas por un momento y dame algunas respuestas. Yo puedo comenzar dándote algunas pistas: una persona enamorada quiere conquistar y ganarse la atención de la otra. Una persona enamorada no se pierde ciertos detalles. Una persona enamorada está apasionada por ganarse a la otra. Una persona enamorada usa el mejor lenguaje, el más seductivo, el más amoroso, y el más comprensivo para hacer sentir bien a la otra persona de la que está enamorada. Una persona cuando se enamora de otra es capaz de sacrificar su sueño y de invertir gran parte de su tiempo para construir una relación de amor. La persona enamorada es carismática, desinteresada, cooperadora, amigable, tiene una pasión por ese alguien que desea. La persona enamorada transforma lo imposible en algo posible, esa persona lo simplifica todo con tal de ganar el amor de la otra. La persona que está enamorada invierte en su imagen personal, se compra ropas que la hagan verse elegante, adquiere zapatos de buena calidad, usa perfumes de marca, saca tiempo para atender a la otra persona, y casi siempre da lo mejor de sí para estar bien con la otra persona a quien ama. Podemos seguir diciendo cosas hermosas y bonitas que hacemos, decimos y nos inventamos cuando estamos en amor con el ser que amamos. Aquí te dejo como tarea decir cuales otras cosas hace alguien que está realmente enamorado. Sin embargo, es importante preguntarse por qué cuando uno está enamorado es capaz de hacer todas estas cosas, que en la mayoría de las veces no necesitamos de la ayuda de nadie más, sino que la hacemos espontáneamente… Sabes que la causa real por la que nos comportamos lo mejor posible cuando estamos enamorados es, sin lugar a dudas, **la motivación**, la cual crea en uno ese "esfuerzo" que espontáneamente sale de nosotros con la finalidad de unirnos con lo que más queremos. Esta es la clave que nos permite lograr todo lo que nos proponemos: entregarnos a eso que queremos tener hasta el punto de sacrificarlo todo como cuando estamos enamorados de alguien que para nosotros es especial. Aquí está la clave del éxito: apasiónate de eso que deseas, de modo que no lo descuide hasta que lo haya logrado. El punto es el grado de fervor que le imprimimos a nuestra meta, hasta qué punto la perseguimos, qué tiempo diario le dedicamos, qué tanto nos gusta, hasta qué grado estoy enamorado del proyecto que quiero emprender o de la meta que quiero alcanzar, en fin…, qué tan apasionado estoy de lo que cambiará mi historia, de eso que impactará mi estatus social, de lo que realmente amo y me gusta tanto que quiero hacerlo mi profesión. Eso es. Dedícale mucho tiempo y esfuerzo a lo que tú consideras que vale la pena, y verás cómo estarás al mismo tiempo venciendo todos los obstáculos que te impedían triunfar. En otras palabras, no hay una fórmula tan efectiva para derribar obstáculos como duplicar tiempo y esfuerzo a favor de lo que para nosotros vale la pena y nos gusta. Es como si dijéramos que la mejor forma de derrotar al diablo es pasando más tiempo con Dios. A medida que pasamos más tiempo junto con algo positivo, tenemos menos posibilidad de ser impactado por lo negativo, por la frivolidad, el decaimiento, la pereza mental y la pobreza de pensamiento que a veces nos invaden cuando tratamos de conquistar o de perseguir lo que es bueno y conveniente para nosotros y los demás que nos rodean.

5.4. ¡Cuidado! No todo lo que nos gusta es positivo.

Debemos también tener mucho cuidado con las cosas que decimos que nos gustan. Hay muchas cosas que nos gustan y que inclusive ocupan una gran parte de nuestra vida, pero que realmente no nos convienen. Si algo está tomando toda tu atención y la mayor parte de tu tiempo, pero ese algo tú notas que te estancas y que te tienes sumergido en un círculo del que no puedes salir y echar hacia adelante, entonces es hora de que te detengas y haga una revisión profunda y minuciosa de lo que te está ocurriendo. Nada en la vida debe quitarte el tiempo de soñar en grande. Así que, si hay algo en tu vida que se está quedando con tu futuro, tus aspiraciones y tu ansia o deseo de superarte, haz una revisión inmediata de tal situación y examinas a ver qué es lo que más te conviene. No somos llamados a quedarnos estancados toda nuestra vida. El universo entero fue creado para nuestro beneficio, y la multiforme gracia de Dios está a nuestro favor. No estamos llamados a ser entes opacados por la sombra de lo tenebroso sino, a ser luz, a ser astros que brillemos con luz propia, a ser felices e irradiar felicidad y prosperidad tanto física como espiritual y emocional, financiera y profesional en todo lo que emprendamos y hagamos. Así hemos sido creados y eso espera Dios de nosotros.

5.5. Revisemos de vez en cuando los métodos obsoletos que no han funcionado en nuestra vida.

Hay cosas en nuestra vida que las hemos usado por años, por lustros y por décadas, que estamos conscientes de que debemos de cambiarlas. A veces son métodos que hemos usado, en otras ocasiones son directrices incorrectas que hemos seguido, hábitos, palabras, expresiones, estilos de vida que hemos adoptado, a veces es simplemente la manera como somos y nos comportamos con la familia y amigos, puede ser también nuestro temperamento o el tipo de personalidad que tenemos los que necesitamos cambiar, es posible que sea la manera de tratar a los demás, incluyendo a las personas que están a nuestro lado, o simplemente otra cosa por el estilo. La realidad es que a través de toda la vida que hemos vivido nos damos cuenta de que hay ciertas cosas que llevamos años obedeciéndolas, pero no han funcionado bien en nuestra vida ni tampoco son propicias para ayudarnos a avanzar. Cualquiera que sea el problema que nos ha retrasado la oportunidad de crecimiento debemos hacer una revisión. Usted no puede seguir practicando absolutamente nada que no le esté ayudando. Los métodos absurdos y obsoletos deben ser sustituidos por otros que sean funcionales. Esta es la realidad. Si no revisamos todo lo que anda mal en nuestra vida y si no tomamos medidas correctivas, les puedo asegurar que será imposible avanzar a un paso de adelanto que nos acerque al éxito. Quedarse atrapado bajo un modelo de vida disfuncional es lo mismo que desperdiciar nuestra valiosa y preciosa vida bajo los efectos de las drogas y del alcohol.

La vida constantemente requiere de cambios, por la sencilla razón de que vivimos en un mundo cambiante, en un mundo donde todo fluye, donde nada está estático. Vivimos en un mundo de cambio continuo e indetenible, y si el mundo es así, nosotros también somos parte de ese mundo.

Lo primero que toda persona sabia debe hacer para posicionarse en la cima del éxito y de la prosperidad es limpiarse a sí mismo. La primera limpieza debe ser de pensamiento. Hay que barrer las malas ideas y los malos pensamientos. Hay que destruir hábitos dañinos y limpiar nuestra mente de todo aquello que no nos deja ser lo que queremos ser. Hay que sacar fuera de nosotros la violencia de género, ella es enemiga de la familia y dañina para nuestro bienestar. Desde antes del descubrimiento de América la sociedad ha adoptado hábitos violentos e indecentes que han cobrado millones de vida y han destruido millones de familias, y todavía no hemos entendido que el método de la violencia social e intrafamiliar no funciona. Todavía desde tantos años que llevamos siendo violentos no hemos sido capaces de hacer una revisión a este método y determinar que hay que sacarlo de nuestra vida a como dé lugar. Métodos como este no debemos practicarlos, y digo esto refiriéndome a la violencia porque siempre ha sido un flagelo malsano, pero todas estas cosas que he mencionado también tienen una secuela perniciosa que se debe evitar a toda costa.

Yo he sido testigo de cómo personas muy jóvenes de apena 16 a 20 años se han arruinado. Lo primero que hacen estas personas es que se meten en las drogas, y en esa sociedad malsana matan, roban, violan y hacen de todo. Ellos caen presos, reciben una sentencia condenatoria que los envía a una cárcel por veinte o más años, y ahí arruinan toda su vida y la de su familia. Así es como funcionan muchas de las cosas que practicamos y que forman parte de nuestro estilo de vida, y a veces no nos damos cuenta de lo perjudiciales que son para nosotros. Esta es una de las causas por las que digo que, si queremos superarnos como personas, debemos ser sabios, revisar lo que estamos practicando, y sacar fuera todo lo que nos perjudica de una forma u otra.

Hay algo que es conveniente que sepamos y es que cuando aprendemos a despojarnos, en ese mismo momento comenzamos a crecer como personas, en ese momento se abren puertas que nos ayudan a salir de muchos corrales en los que hemos estado encerrados. Y es que en la vida todo tiene precio. Nada nos sale gratis. Todo el que quiera lograr la cima del porvenir debe pagar un precio por ello. No esperemos que nos traigan los peces y nos los pongan servidos encima de la mesa. Yo considero que es mejor salir a pescar, prepararlos nosotros y ponerlos sobre la mesa y comenzar a disfrutar de su sabor exquisito. Así podemos enseñar a otros a pescar y no ser una carga para nadie, así les enseñamos a nuestros hijos el valor de ser esforzados y de trabajar. De esa manera estamos contribuyendo a una sociedad que sea justa y equitativa. De modo que no debemos sentirnos mal cuando tengamos que deshacernos de cosas que no han sido favorables para nuestro desarrollo social y para ser personas de bien. Así que desde hoy comencemos a hacer cambios en nuestra vida. Recuerdas que estos cambios solo se harán efectivos cuando demos el primer paso y lo demos con fe, perseverancia y optimismo, cuando pensemos en el potencial que poseemos como individuos y cuando nos despojemos de tantos espejismos y entendamos que el mundo en el que vivimos es una realidad que tenemos que aceptar y enfrentar con todas sus virtudes y defectos.

Capítulo 6. Cómo llegar a la posición donde quieres estar

6.1. Consideraciones que debemos tener presente cuando pensamos comenzar un proyecto.

Hay muchos recursos que puedes utilizar para crecer, como persona que te has trazado un norte u objetivo. Es importante que tomes en cuenta una serie de medidas que te pueden ayudar a lograr un buen nivel de superación personal. Para nadie es un secreto que el éxito de una persona depende de varios factores que hay que considerar sin prescindir dejar afuera ninguno de ellos. Por ejemplo, alguien que quiere tener algo se debe preguntar con cuales recursos cuenta, con cuales no cuenta, cuales alternativas tiene para utilizar en caso de que necesite alguna, cuáles son las limitaciones que están presente al momento de comenzar y cuales se podrían presentar en medio del camino, las condiciones del lugar donde uno está y el tipo de personas que rodean a uno. Por ejemplo puedes formularte o considerar las siguientes inquietudes: (el lugar donde me encuentro es una comunidad de gentes pobres, no hay servicio de internet, tiene un medio de transporte limitado o escaso, las gentes que me rodean tienen un nivel educativo bajo, no hay carreteras, me toma mucho tiempo llegar a la ciudad desde donde me encuentro, cómo es el mercado que va a adquirir mi oferta o producto, la comunidad donde llevaré a cabo este proyecto está compuesta por personas de la tercera edad o por niños, etc.), eso es si se trata de una empresa que deseamos instalar. Ahora bien, cuando se trata de una carrera que vamos a estudiar el panorama es un poco diferente, porque habría que considerar factores como por ejemplo: cuanto tiempo me toma estudiar esta carrera, cual es la inversión total de esta carrera incluyendo tiempo y dinero, cuánto gana el profesional graduado de esta carrera, cual es la posibilidad de que yo consiga trabajo después de haberme graduado, cuantos profesionales hay en esta área, cuántos de ellos están desempleados, (tomando en cuenta que mientras más profesionales desempleados haya, la posibilidad de que yo consiga empleo es menor), puedo conseguir trabajo cerca de mi casa o tendré que transportarme bien lejos para ir a mi trabajo, cuánto dinero gastaré en transporte al mes, etc.). Otros factores que hay que tomar en consideración al momento de empezar un proyecto ya sea de estudio o de empresa es si uno está soltero o casado, si tiene hijos o no, si vive en casa rentada o si tiene casa propia, si ha tomado dinero prestado al banco o a algún prestamista o si no tiene deuda… todo lo dicho anteriormente solo aplica como una planificación inicial para determinar cuál es nuestra situación real y si estamos en condición de emprender tal o cual proyecto, sin embargo hay una serie de consideraciones que estaremos aportando más adelante las cuales versan sobre asuntos meramente de nuestra personalidad y de nuestra actitud y/o aptitudes, las cuales determinarán considerablemente la posibilidad que podemos tener de alcanzar la meta que estamos persiguiendo

6.2. Ser diferente es lo que más vale.

¿Cómo podremos lograr grandes transformaciones en el mundo? ¿Es la sociedad de hoy lo suficientemente buena y ejemplar como para dejarla de legado o ejemplo a las generaciones venideras o necesitamos un modelo de sociedad diferente a la que tenemos? ¿Qué hemos estado haciendo los seres humanos hasta el momento, que nos ha salido mal? ¿Cuáles cosas debemos examinar para determinar si las hemos hecho bien, o por el contrario necesitan ser repensadas? ¿A dónde están nuestras principales fallas como seres humanos? ¿Cuáles serán las cosas que necesitamos corregir, repensar y revalorar? ¿Cuáles valores hemos dejado escapar y nos han colocado en una decadencia de principios? ¿Qué necesitamos hacer realmente para que estas situaciones mundiales de acontecimientos no deseados dejen de perpetuarse? ¿Qué cosa será lo nuevo que hay que traer para poner fin a esta ola de decadencia que se deja ver en todos los estratos de la vida social y espiritual? ¿Hay algo que realmente cuente para transformar la sociedad en un espacio de decencia y moralidad? ¿Qué legado le estamos dejando a nuestros hijos e hijas? ¿Qué es lo mejor que les podemos dejar a nuestros hijos para su futuro? ...

Lo más importante y lo que más cuenta en la adquisición de nuestra superación económica, personal y social es sin dudas forjarnos el criterio de ser un sujeto diferente. Para que seamos diferentes a los demás en todo el sentido de la palabra, debemos tener una visión holística del mundo y su realidad, además debemos ser grandes observadores del entorno que nos rodea, de las personas que están a nuestro alrededor y de la manera como ellas actúan, y tener una perspectiva de ir un poco más allá de donde ellos llegan.

Ser diferente, en el sentido más amplio de la palabra significa llegar más lejos que ellos, actuar de la otra manera como ellos actúan, perseguir cosas fuera de lo común o cotidiano, leer más que ellos, ser más crítico, racional, equitativo y objetivo que la gente que nos rodea, pensar más allá del sentido común, fijarse metas longitudinales, horizontales, verticales y transversales, y tener una mente y una visión que parezcan totalmente rara, anormal y extraña frente a la vista de los demás. Es importante que nos digan que somos raros, que no somos como los demás (a veces podrían llegar a decirnos que somos locos). Pero sin lugar a dudas, el rasgo más distintivo que nos identifica y determina que somos diferentes a los demás es sencillamente **nuestra actitud** y el carisma que mostramos para hacer las cosas, especialmente las que a los demás no les gusta hacer.

Nos podemos tomar un momento y detenernos a observar cuales son las cosas que hacen la mayoría de las personas comunes. Podemos observar esto cuando salimos al parque un domingo en la tarde o un sábado, cuando nos vamos de compra a la tienda o supermercado, cuando nos montamos en el metro o el autobús del transporte de pasajeros, o simplemente en nuestro lugar de trabajo. Pensemos en todas las cosas de las que la mayoría de las personas hablan, cual es el vocabulario que utilizan para comunicarse tanto con sus familiares como con los demás, lo que ellos usan, lo que comen, con lo que se divierten, lo que les gusta hacer, como piensan, de cuales cosas están hablando casi siempre, cuáles son las ideas que vienen a sus mentes, en qué gastan su dinero, cuáles son sus proyectos, en cuales cosas están ocupados y así sucesivamente. Luego, toma un tiempo medio para que analices cuales diferencias notas entre ellos y tú. Si hay algo de las cosas que ellos tienen que a ti no te gusta entonces hay algo de diferente en ti; si te sientes bien con la manera de ser que observaste en ellos, eso significa que todavía tú no eres diferente. Quiero expresar que hay una lista larga de cosas que podemos tomar en cuenta para hacer la diferencia a nuestro paso por la vida. Quizás te estas preguntando qué es realmente ser diferente o qué importancia tiene para nosotros el hecho de ser diferentes. Más adelante vamos a enumerar ciertos puntos que debemos analizar para determinar si somos una persona diferente o no. Así que no te pierdas esta información que te vamos a ofrecer a continuación.

Desde los años 1930 aproximadamente se comenzó a trabajar en la invención del internet. En 1990 se le asigno un nombre definitivo el cual es el World Wide Web (WWW) como la conocemos hoy en día. Una herramienta informática que ha cambiado nuestras vidas de una manera significativa. Hoy el internet ha revolucionado el mundo de la información y del conocimiento a través de su aplicación desde dispositivos como la computadora, el teléfono, la radio, el telégrafo y otros dispositivos de conexión de la tecnología.

Si nos ponemos a pensar los beneficios, ahorro de dinero y de tiempo, y la comodidad y simplificación de la vida que nos ha traído este invento, que nos mantiene comunicado a todos los habitantes del planeta, es asombroso el solo hecho de saber que todo esto pudo ser posible solo gracias a alguien que se alejó de las cosas cotidianas de la vida y fue en busca de lo que estaba más allá de lo común. Esto es una forma de ser diferente. De igual manera lo hace el estudiante esforzado que sacrifica cuatro o cinco años de su vida estudiando una carrera universitaria para forjarse un mejor futuro, sustentar a su familia y ayudar a los demás a través del ejercicio de su profesión. También eso es ser diferente. O, por otra parte, cuando un obrero, se levanta a las tres de la madrugada para irse a trabajar en tiempo de invierno, está haciendo algo extraordinario, porque con el esfuerzo que está haciendo está asegurando el bienestar de su familia y solucionando las necesidades de su casa. Por otra parte, el muchacho que hace un curso de una lengua extranjera y aprende un nuevo idioma, está dando un buen ejemplo al mundo, y a la vez deja plasmado en la mente de los demás que él es una persona diferente, en el sentido de que se está esforzando para poseer una competencia lingüística que le permita interactuar con personas de otros países, los cuales poseen una cultura diferente a la suya. Esto indica que en realidad podemos ser diferentes.

6.3. ¿Hay otros ejemplos que indiquen que se puede ser diferente?

Absolutamente. En realidad, el mundo está lleno de ejemplos de personas que se han convertido en personajes diferentes, a través de toda la historia. Son personas famosas que las encontramos en las páginas de las enciclopedias y de los libros de historia, en revistas y en el internet, y por todas partes. Un ejemplo claro es el de Jesús, el cual transformó la historia de la humanidad con sus enseñanzas y por dar siempre el ejemplo de lo que decía, alimentando a la gente hambrienta, sanando a los que estaban enfermos, resucitando a los muertos, anunciando el mensaje de salvación y de libertad para los oprimidos, denunciando las injusticias de los poderosos y enseñando a obedecer la ley.

Veamos además el ejemplo de la madre Teresa de Calcuta, su trabajo a favor de la gente necesitada, y ¡por qué no mencionar a muchos médicos que en el momento actual trabajan ofreciendo sus servicios profesionales gratuitos a favor de los pobres y enfermos en las zonas rurales! Y qué os parece si nos referimos a nuestros grandes sabios, aquellos que iluminaron al mundo con sus ideas y que más de dos mil años después los seguimos estudiando y comentando en nuestras universidades, personas que nos ayudaron a interpretar el mundo, y los fenómenos que ocurren en él a diario, nos referimos a personajes filósofos y grandes pensadores como Sócrates, Aristóteles, Platón, Descartes, Pitágoras, San Agustín, entre otros. Todos ellos fueron personas diferentes.

Sin embargo, se puede ser diferente también haciendo las cosas sencillas y pequeñas. Nuestro compromiso para hacer el deber que nos corresponde es parte de ser diferente. No hay que ser famoso para ser diferente. Haciendo bien las cosas pequeñas también se hace la diferencia. Así que, honestamente hablando, la mujer que atiende a sus hijos y a su esposo de una forma eficiente también está siendo diferente, como también lo es el esposo que es responsable con su rol de esposo y de padre. El niño que hace su tarea escolar diariamente y llega a la escuela temprano, el trabajador que no falta a su trabajo ni le roba tiempo a la empresa, la autoridad que ejerce bien su función, el gobernante que dirige adecuadamente un país, gobernando con justicia y equidad y no sustrayendo los bienes del Estado para su distracción personal y que les aplica la ley a los funcionarios corruptos, también caben en el ámbito de personas diferentes. Si observamos bien nos podemos dar cuenta, sin embargo, que haciendo bien las cosas pequeñas podemos ser contados como personas diferentes. Ser diferente es cosa de la actitud que tengamos.

6.4. Podemos aun sacarles beneficio a las cosas negativas

Hay muchas cosas que ocurren en la vida de las personas que las vemos como de mal agüero. En determinadas ocasiones nos quejamos de las cosas malas que ocurren a nuestro alrededor. Pero es importante visualizar las cosas adversas que nos pasan desde diferentes dimensiones. Siempre es aconsejable buscar el lado bueno que tienen las cosas que nos parecen malas. En una ocasión una persona iba para un viaje de paseo y al llegar al punto donde supuestamente se iban a reunir para salir, se percata de que se fueron y lo dejaron, dado que él había llegado al lugar de reunión unos diez minutos tarde. Esa persona se enfadó y se puso bien enojada preguntándose por qué lo dejaron y no lo esperaron, así que se devolvió a casa un poco triste y para sorpresa escucha rumores de un conductor que había llegado de esos lados, de que el vehículo en el cual él iba a viajar tuvo un accidente mortal donde murieron la mayoría de las personas que iban para el paseo. A partir de ese momento su perspectiva fue otra. Comenzó a darle gracias a Dios por no permitir que él se fuera en ese viaje, su ira se transformó en agradecimiento. Dios a veces permite que las cosas pasen con un propósito, por lo que hay que aprender a ser agradecido por todo lo que vemos que ocurre a nuestro alrededor sea bueno o malo. La manera como nosotros pensamos no es la misma como piensa el creador del universo. Sus planes son diferentes a nuestros planes y a veces no vemos que detrás de aquello que a nosotros nos parece malo ahí Dios ha colocado algo bueno para nuestro beneficio. En diversas situaciones las cosas nos salen mal sencillamente porque tenemos una actitud totalmente hostil y enfermiza de lo que vemos que ocurre a nuestro alrededor. Ahora bien, cuando nuestra mente aprende a verle el lado positivo a las cosas negativas, el panorama cambia y el ambiente a nuestro alrededor se torna favorable, debido a la energía positiva que irradiamos cuando vemos la vida como debe ser. Es importante que aprendamos en todo momento a vivir en armonía con la vida. Hay que ser agradecido no importa la situación, y ver el lado bueno que tiene la vida.

Por otro lado, recordamos que hoy en día vivimos en un mundo de competencias. El mundo de hoy nos presenta grandes desafíos, como también la oportunidad de interactuar en un círculo marcado por la ambición de muchos. Resulta que en nuestra sociedad actual todo el mundo quiere mucho y busca lo mejor. Si somos honestos debemos despertar ya, si es que todavía estamos dormidos o si es que aún no nos hemos dado cuenta cuales son las características del medio en el que nos desenvolvemos. La realidad es esta: Todos quieren dinero, pero mucho. Nadie se conforma con poco, la gente generalmente quiere mucho y bueno: Una buena casa, un buen carro, buenas ropas, buena profesión, buena apariencia, y un buen estatus social. Esta es la sociedad de hoy. Entonces, para llegar a la posición donde nos gustaría estar tenemos que partir desde esta realidad. Hay que batallar contra la competencia de afuera, se me hace más difícil llegar al punto de conquista de la victoria cuando tengo que competir con muchos que también son fuertes como yo o que podrían ser más fuertes aún. Yo también tengo que ser competente, yo debo demostrar que yo puedo y que estoy a la altura de las demás personas, yo no puedo ser menos que los demás, si los demás se capacitan y estudian y se preparan, yo también estoy compelido a hacerlo. Yo soy preparado y estoy listo para meterme en la competencia que la sociedad requiere. Para lograr ese estatus en el que quiero estar yo debo tener cierto nivel y jugar un papel fundamental en el campo de desempeño de los miembros de la sociedad en la cual me desenvuelvo. Por eso es que yo no debo quedarme atrás, porque el mundo de hoy avanza, y si yo no avanzo entonces viene otro y ocupa mi lugar, y me reemplaza, por lo tanto, la meta que me había propuesto se cae y no puedo alcanzarla. Así es como nos damos cuenta de que, analizándolo bien por todos los lados, cuando alguien se propone crecer y desarrollarse, ese alguien debe ser un ente esforzado, constante y capacitado, dado que la gran mayoría que nos rodea también está haciendo un esfuerzo razonable para subir a la cima y colocarse en la posición que designamos para nosotros. En el campo de la superación personal debemos recordar un antiguo refrán que dice que "camarón que se duerme, se lo lleva la corriente". No obstante, este mismo refrán ya fue modificado por otro más reciente que dice lo siguiente: "camarón que se duerme, se lo come otro camarón". Así que, todo lo que nos falta para llegar a la cima es sin lugar a dudas esforzarnos hasta lo máximo, de manera que estemos siempre más preparados y más listos que los demás, aunque nos cueste el doble de esfuerzo, y esto es porque la sociedad en la que vivimos es exigente y demanda de nosotros un poco más que lo que nos requería hace unos años atrás.

6.5. La importancia de pensar racionalmente.

Es muy importante que aprendamos a pensar con cierto grado de objetividad. Esto significa que nuestro pensamiento debe ser coherente y tener cierto nivel de lógica, al mismo tiempo que lo que pensemos esté en armonía con la realidad. Es necesario poner cada cosa en su lugar, exactamente donde deba estar. Un problema común que enfrentan muchas personas es la inconstancia que poseen y la incoherencia de pensamiento. Me refiero específicamente al hecho de cómo ciertos individuos comienzan un proyecto y de repente lo abandonan y emprenden otro, o cambian de idea con mucha frecuencia. Cuando alguien quiere conquistar algo debe ser persistente hasta lograrlo, dado que esta es una de las características de las personas de éxito, la sabiduría que tienen para comenzar algo, darle seguimiento y terminarlo. Si usted es una persona que posee constancia y sabe mantenerse firme en la meta que quiere lograr, yo le aseguro que usted se verá en la cumbre de la prosperidad y será una persona realizada. Por otra parte, muchas personas fracasan debido a la inconstancia que tienen, porque todo el que quiere lograr algo debe persistir hasta que lo alcance. La insistencia y la perseverancia son parte inseparable del desarrollo personal. Te has fijado que en una competencia de atletismo el que se cansa y se detiene pierde. Solo gana la competencia aquel que se ha mantenido corriendo sin detenerse y sin echar hacia atrás. Así es también en el ámbito de la superación personal, la persona tiene que desarrollar competencias, perseguir una meta y conquistar el premio. No debe cansarse ni abandonar la carrera.

Una de las maneras como se nos hace más liviano llegar es a través de tener un pensamiento equilibrado y no manipulado por las emociones foráneas o pasajeras, sino que nuestro pensamiento se mantenga siempre inclinado hacia una directriz la cual se encamine al logro de nuestro objetivo y a la misma vez a la conquista de lo que nos hemos propuesto, hasta que lo hayamos alcanzado y podamos experimentar que valió la pena el esfuerzo que hemos hecho para tener lo que ahora tenemos.

6.6. Hábitos que debemos eliminar de nuestra vida y hábitos que debemos incorporar:

- Tú, ¿cuáles hábitos crees que debes eliminar de tu vida, y por qué? Al formularnos esta pregunta puede ser que de inmediato pensemos en todas las cosas que nos han hecho la vida imposible durante toda nuestra vida, y, quizás estés en lo cierto. Durante toda nuestra vida hemos vivido rodeados de hábitos que una vez que los analizamos nos damos cuenta de que han sido dañinos para nuestra vida, que nos han marcado horriblemente, que nos han lesionado o nos han causado cierto tipo de perdida, ya sea en el sentido moral como social, espiritual o profesional. Puede ser también en el ámbito económico. Lo cierto es que en determinadas ocasiones somos conscientes de que algo ha pasado por nuestra vida que nos ha dejado ciertas cicatrices. Es más, pudiéramos ir más lejos aún: en diferentes momentos han pasado cosas en nuestra vida que nos han hecho sentirnos hasta culpables espiritualmente o emocionalmente. Dado que realmente estas cosas ocurren a diario en nuestra vida, es importante y necesario también que analicemos cuales de esas vivencias necesitan ser removidas de nuestra vida y tirarlas hacia fuera. Hay miles, sin lugar a dudas, las cuales nos hacen sentirnos infelices y a veces indignos de echar hacia adelante, pero podemos mencionar algunas de ellas:

- Cuan grosero he sido.
- Me he comportado muy violento.
- He sido intolerante con la persona que está a mi lado.
- No admito que me equivoqué o que me equivoco.
- Soy impaciente y no perdono los errores de otros.
- Siempre creo que yo tengo la razón.
- Yo no escucho a los demás.
- Mi problema es más grande que el de los demás.
- No tengo tiempo para escuchar las tonterías de otros.
- Yo soy demasiado importante y a mí se me debe atender de primero, etc.

Las expresiones precedentes son cosas que les hemos permitido convertirse en hábitos en nuestra vida, las cuales debemos eliminar de inmediato, por su efecto nocivo en el desarrollo de nuestra personalidad. Así que, si queremos crecer, si en verdad queremos cambiar, si deseamos transformarnos en mejores ciudadanos, si deseamos ser más competentes como seres humanos, si en verdad queremos ser grande, si queremos alcanzar nuestro mayor desarrollo en todo el sentido de la palabra, si queremos ayudar a cambiar nuestro mundo, si en realidad queremos ser mejores ciudadanos y tener una sociedad con mayor nivel de desarrollo y que sea más justa , entonces os invito a sacar de nuestra vida estos hábitos malignos que nos convierten en gentes indeseables y tóxicas para el bienestar social y todos los ámbitos personales.

Estos son algunos de los hábitos que valen la pena incorporar a nuestra vida:

Número uno, debemos aprender a ser sinceros con nosotros mismos. Ciertas personas viven siempre bajo el amparo de una apariencia que no es lo que dicen ser. Oye, ¿sabes algo? Es tan importante que aprendamos a mostrar la cara de las cosas como son en realidad. De nada nos sirve fingir una imagen que no somos en realidad. Aquello que fingimos ser, si en verdad no somos lo que aparentamos, tarde o temprano se sabrá y quedaremos al descubierto, y entonces quedaremos como mentirosos ante la sociedad o el mundo. Así que, procuremos siempre ser sinceros con nosotros mismos primeramente y después con los demás. Este es el primer hábito que debemos incorporar a nuestro estilo de vida, la sinceridad. Cuando somos veraces no tenemos nada que esconder, pero mejor aún, no quedamos en vergüenza y eso nos ayuda a crecer a medida que creamos una reputación confiable frente a los demás.

En segundo lugar, nuestro carácter a veces es tan repugnante que las personas que nos rodean no se sienten cómodas estando a nuestro lado. Así que, tomate el tiempo de mirarte al espejo y observar cómo es tu carácter. Si tu carácter es demasiado fuerte y si crees que tienes aspecto de militar enfadado, por favor, moldéalo. Quizás no es fácil cambiar el carácter que hemos tenido por decenas de años, pero sí será posible modificarlo, con un poco de esfuerzo. Podemos cambiar nuestra cara dura por un rostro con una sonrisa. Podemos cambiar la imagen de hierro que tenemos por una que sea más flexible y amorosa. Recuerdo que en la vida te valdrá más la sonrisa que la espada. Entonces una de las cosas que debes tener presente en todo momento es que para lograr ser una persona de éxito y conseguir esa superación personal que tanto ha añorado debes aprender a tratar a los demás con la mayor decencia posible, francamente como a ti te gustaría que los demás te trataran. De modo que debemos incorporar a nuestra vida un cambio de carácter, dejar atrás ese aspecto repugnante y adoptar uno que sea más atractivo y acogedor. Esto también vale la pena y considero que es muy valioso.

El tercer aspecto o hábito que debe formar parte de nuestra vida a partir de ahora es ser cortés. Este es sumamente necesario si es que queremos pasar a otro estadio de nuestra personalidad. Las frases de cortesía indican que somos personas educadas. Indican además que estamos a otro nivel, o que tenemos ese toque de diferencia que las demás personas no tienen. Así que, resultaría muy fácil decirle a alguien un ¡hola!, ¡qué tal! ¡buenos días!, ¡disculpes! ¡por favor! ¡lo siento!, ¡perdón! ¡con su permiso! ¡podría regalarme un minuto de su tiempo, por favor! etc. Pero no lo estamos haciendo. Con el paso del tiempo las personas hemos perdido el hábito de la cortesía. Podemos decir que los avances de la tecnología nos han absorbido, al mismo tiempo que el incremento del 'yo primero' y la decadencia de los sistemas educativos que están más enfocados en lo económico que en lo moral, queremos lograr un hedonismo que se desvirtúa de la realidad. Debe darnos pena y vergüenza vivir en una sociedad que ha perdido su verdadera esencia. Esta sociedad que ha echado a un lado el amor al prójimo y lo ha sustituido por el amor al dinero y a los bienes materiales, una sociedad donde a nadie le importa a los demás y donde todo el mundo esta buscando lo suyo propio, es una sociedad que se puede convertir en una bomba de tiempo cuyo efecto podría ser el destruirnos a nosotros mismos, debería causarnos cierta preocupación el tipo de sociedad que estamos construyendo y de manera muy particular considero que esta no debe ser la manera cómo podemos alcanzar el desarrollo personal, económico y moral, si solo entronamos el aspecto económico. Así que, no olvidemos ser educados y corteses en todo momento. Respetemos a los demás si queremos que los demás nos respeten. También esta es una manera de avanzar y crecer como personas.

El cuarto hábito que es bastante importante lo constituye el lenguaje que usamos para comunicarnos. A menudo debemos revisar la manera como nos comunicamos con los demás. Debemos pensar si cuando nos comunicamos con nuestros interlocutores o con nuestros receptores lo estamos haciendo con el lenguaje apropiado. Debemos tener cuidado, además, de que no estemos ofendiendo a nuestros receptores con el tipo de lenguaje que usamos en nuestra comunicación. Hay dos indicadores del lenguaje que tienen una gran influencia en la transmisión de la información y estos indicadores son el tono del lenguaje y los términos utilizados por el emisor. Indiscutiblemente el tono con el que decimos las expresiones y las palabras que usamos son esencialmente importantes dentro de la comunicación y estos son los que nos van a permitir que seamos queridos y aceptados por los demás o, por el contrario, que seamos personas no deseadas y rechazadas.

Así que, hasta el momento hemos visto que dentro de los hábitos que debemos incorporar a nuestro modus vivendi o nuestro modo de vida se encuentran el ser honestos o sinceros con nosotros mismos y con los demás, la revisión y/o modificación de nuestro vocabulario, tener hábitos de cortesía y finalmente vigilar y cuidar el lenguaje y el tono que estamos utilizando en nuestra comunicación. Hay también un quinto hábito que sería importante incorporar a nuestra forma de vida o a la manera como manejamos nuestra interacción social el cual está constituido por la socialización, es decir la manera como intercambiamos información con otros, cómo tratamos a los demás y nos comunicamos con ellos. Se trata del modo en que nos desenvolvemos cuando llega ese momento que necesitamos de otros. Cómo es la forma de nosotros tratar a las demás personas en todo el sentido de la palabra. Pensemos si estamos tratando a los demás como objetos o como sujetos. Pensemos también si estamos siendo justos con lo que damos a otros de nuestra parte. En este punto es donde debemos preguntarnos si realmente lo que estamos dándole a los demás vale la pena y si lo que esperamos recibir de ellos es parecido a lo que nosotros les hemos dado. Se trata más bien de una toma de conciencia para que comparemos lo que estamos dando con lo que queremos recibir. Para hacer esta evaluación podemos hacernos las siguientes preguntas:

¿Es que cuando yo me dirijo a los demás lo hago de forma cortes y educada, o me importa lo mismo darle a la gente lo mejor de mí, que darle lo peor?

¿Cuándo me dirijo a otra persona lo hago con el mayor respeto posible o hago uso de mi autoridad para humillar a los que no tienen el mismo estatus que yo?

¿Cuándo interactúo con la gente siento que son personas igual que yo y que yo no soy mejor que ellos?

¿Me acuerdo de que yo soy una persona educada y que en todo momento debo actuar diferente a los que no tienen el grado de educación que yo poseo?

¿En qué me perjudica tratar mal a la gente?

¿Estoy yo poniendo en práctica con los demás aquello de lo que tanto me quejo? Reflexionemos.

Pensemos en el siguiente pensamiento que alguien escribió acerca del éxito, el cual expresa lo siguiente:

"El éxito es como el amanecer;
hay quienes lo esperan dormidos,
mientras otros se levantan a encontrarlo".

El sabio.

De acuerdo a este pensamiento la actitud que adoptamos frente a un objetivo determinado puede ser esencial para empoderarnos de lo que deseamos que sea de nosotros. En otras palabras, debemos de no esperar que las cosas por si mismas vengan a nosotros, sino salir nosotros a buscarlas.

En la vida secular existen personas que se quedan esperando que aquello que desean venga a ellos, como por arte de magia. Existen también personas que son un poco más diligentes y en vez de esperar a que algo venga a ellos son ellos los que se disponen a buscarlo.

Ser diligente se refiere al hecho de no esperar que nos traigan los peces en la bandeja, sino salir a tirar el anzuelo, y pescar nosotros mismos los peces y traerlos a casa para darle de comer a la familia.

Cuando somos diligentes tenemos cierta visión que nos permite ir más allá del punto común. Podemos prever, tomar acción, desechar la calamidad y prepararnos para lo que está por venir, para que cuando llegue el momento crítico todo esté listo para enfrentarlo y salir victorioso de la situación que se ha presentado.

Capítulo 7. Cómo combatir la derrota

7.1. Entender lo que significa la palabra derrota.

Cuando hablamos de derrota nos referimos específicamente al fracaso que puede experimentar una determinada persona. Cuando alguien está en derrota significa que de una u otra manera ha fracasado en algo, que podría ser en el sentido económico, aunque no necesariamente, puede ser también en lo moral o en lo profesional como también podría ser en lo empresarial o en el ámbito familiar o social. Sea cual sea el ámbito de que se trate habría que colegir diciendo que el estado de derrota por el que pueda pasar una persona amerita atención rápida y seria. A esto podemos agregarle que la derrota de una persona no debe entenderse solamente en el sentido económico.

Un individuo podría estar en derrota cuando, por ejemplo, no tiene forma de salir adelante o, sus recursos son demasiado limitados para salir de la situación en la que se encuentra, no tiene medios de subsistencia, ha sido condenado a una pena privativa de libertad por muchos años, ha sido declarado o diagnosticado con una enfermedad incurable, padece de demencia, o simplemente si dicha persona carece de las facultades intelectuales necesarias para ser exitoso, no ha podido gobernar bien su casa, él o su familia están perdidos en las drogas, se está atravesando por un proceso de divorcio, no ha podido concluir sus estudios universitarios, se está sumido en deudas y no se puede salir de las mismas, en todos estos casos antes mencionados se está en situación de derrota de una u otra manera.

Sin embargo, es necesario aclarar lo siguiente: Cuando se es víctima de una actitud pesimista, es decir, cuando adoptamos o tenemos una actitud pesimista, esta se convierte en la principal causa de derrota. Se cree que la actitud pesimista es la peor forma de derrota por la que puede pasar una persona.

Sabemos que hoy en día casi todo está en quiebra. Vivimos en una sociedad que esta quebrada en todo el sentido de la palabra. En lo religioso hay decadencia, también en lo moral. Nada está funcionando bien en este tiempo. El hombre quiere ser mujer, la mujer quiere ser hombre, los matrimonios se divorcian, los casados se buscan una amante y las casadas un amante, la integridad del hogar se deteriora, los hijos no obedecen a los padres, las parejas no se respetan, los políticos le roban al pueblo, las escuelas eliminan las normas que durante años se aplicaban y se exigía ser respetadas, no se respeta el derecho de la niñez, no hay respeto por los ancianos, lo bueno le llaman malo y a lo malo le llaman bueno, los padres huyen de su responsabilidad para con los hijos, las madres matan a sus bebes en el vientre produciéndose abortos, la ideología de género exige el mando del mundo, los profesionales no cumplen con su ética, etc. Ese es el mundo que estamos viviendo. Es decir que interactuamos en un ambiente y en un espacio de debilitamiento en todo sentido, y a esto se le agrega el problema de las personas pesimistas. Creemos que en vez de ser individuos pesimistas debemos ser optimistas e imprimirle un toque de bienestar a lo que hacemos. Somos de opinión que nuestro mundo puede mejorar, y que no todo está perdido. Creemos que hay un rayito de esperanza para la humanidad, y esa esperanza la podemos vivir a plenitud con tan solo poner un grano de arena de nuestra parte y comenzar a reconstruir aquello que nosotros mismos hemos destruido o dañado, y por supuesto, con una actitud altruista capaz de sembrar en buena tierra lo que se ha guardado en terreno pedregoso e infructífero.

7.2. La anécdota de la vaca.

Una anécdota cuenta que hace mucho tiempo un hombre invitó a su amigo a hacer un recorrido por el campo, y a su paso encontraron una casa donde vivía una familia pobrecita cuyo único sustento era una vaca que tenían y le proveía leche. Se cuenta que el hombre le dijo a su amigo el cual era un joven todavía: Mira, ¿ves esa familia pobre? Oh, por supuesto que sí, le respondió el amigo. El hombre continuo: ¿Y ves esa vaquita que es lo único que tienen para vivir? Sí, claro que sí, respondió su amigo. Verás ahora lo que voy a hacer. Le dijo el hombre, mientras sin vacilar sacó su escopeta y mató a la vaca de la familia pobre. Su amigo se alarmó y le preguntó casi deprimido que por qué le había hecho esa maldad a esa humilde familia cuyo único sustento era esa vaquita, a lo que el hombre le respondió que el próximo año por esa misma fecha iban a volver a visitar a esa familia y entonces el joven amigo iba a entender el mensaje con mayor claridad. El amigo en tono decaído y sin entender lo que el hombre había hecho se calmó y ambos se fueron.

El siguiente año por la misma fecha volvieron a visitar a la humilde familia, pero esta vez se llevaron tremenda sorpresa cuando al llegar el joven no reconocía el lugar. Todo estaba transformado y donde estaba la casita humilde el pasado año, ahora encuentran una hermosa mansión con un gran jardín y dos carros estacionados en el garaje. Y el joven dijo: ¡Pero esta no es la familia que visitamos el año pasado! El hombre le dijo que sí, que era esa la familia que habían visitado, y como el joven amigo todavía no lo creía, se acercaron al dueño de la casa y le preguntaron si ellos eran la familia que vivían ahí por esa misma fecha el pasado año y el dueño le responde que sí. ¿Viste? Le responde el hombre a su amigo y este le pregunta al dueño de la casa ¿qué pasó?, ¿qué hicieron ustedes para llegar a esta posición social y económica? a lo que el hombre le responde: Nosotros éramos una familia muy pobre, y el único sustento que teníamos era una vaquita que nos daba su leche, pero de repente apareció muerta como que alguien la mató, y a partir de ahí tuvimos que buscar trabajo en el pueblo y nos pusimos a negociar hasta que nos hemos superado como ustedes pueden ver. Así que los dos amigos le dieron las gracias y continuaron su camino. Entonces el joven amigo pudo entender la moraleja: "A veces tenemos vaquitas que no nos dejan salir adelante e ir por el oro y el diamante, y hasta que no aprendemos a dejar de lado lo que nos ata, hasta que no aprendemos la lección de desatarnos de las cosas pequeñas que nos mantienen siempre ligado a algo y apegado a una forma de vida muchas veces miserable, y que no nos dejan ir detrás de lo que es mejor, hasta que no dejamos a un lado ese sueldito mínimo, no podremos conseguir el trabajo decente donde se nos paga un mejor sueldo con un buen paquete de compensaciones".

Ser optimista significa que tenemos el potencial para dejar esto y alcanzar aquello. Ser optimista significa no quedarnos atados toda la vida a algo pequeño que no nos permite crecer ni explotar ese potencial que llevamos dentro. Ser optimista significa que tenemos una mentalidad emprendedora que es capaz de ver más allá de lo normal o de lo común, más allá de ese punto donde no pasan la prueba o se quedan rezagadas la mayor parte de las personas. Este es el secreto que hay que desvelar: Que estamos dispuestos a no quedarnos donde estamos, a correr la otra milla, a desafiar lo importuno, lo que está fuera de orden, a ir detrás de la competencia que nadie quiere emprender, vale decir, ser la cara diferente del mundo. En otras palabras, ser optimistas quiere decir que abramos nuestra mente y nuestra disposición de superarnos, a ese universo de oportunidades que tenemos por delante y que solo espera de nosotros nuestra mejor aptitud para poder conquistar la mina de oro que fue destinada para nosotros y para aquellos que están a nuestro lado. Esta es la actitud que debe tener toda persona que se proyecta como un sujeto de superación en todo el sentido de la palabra, y creo firmemente sin temor a equivocarme que si nuestro mundo tuviera este tipo de personas no estuviéramos atravesando por la situación que tenemos la que a todo color se muestra con el rostro de la depresión y la decadencia en todo el amplio sentido de la palabra. Pero, repito, estamos a tiempo para conquistar lo que no hemos conquistado ya sea por negligencia o por ignorancia. Solo que ya es hora de que despertemos y emprendamos la acción.

Entender la manera cómo funciona nuestra mente es una tarea muy recomendable. A menudo nos quejamos de nuestra desdicha y creemos que somos menos afortunados que otros o que la vida ha sido injusta con nosotros, especialmente cuando observamos que los demás tienen mayor relevancia, poder o riquezas que nosotros, pero no debe preocuparnos demasiado eso. Lo importante es que reconozcamos que muchas veces nos quedamos atrás y es por causa de nosotros mismos, de la forma como nos manejamos, o de la manera como estamos conduciendo la dirección de nuestra vida, pero sobre todo por la forma que tenemos de pensar, de analizar un problema, de elaborar una respuesta, o simplemente por la limitada capacidad de pensar que tenemos. Cada problema hay que manejarlo con objetividad y tener cierto nivel de capacidad al momento de iniciar la resolución de un conflicto. Existen personas muy torpes especialmente en el modo de resolver una situación. Lo lógico es que tengamos la capacidad de resolución de problemas, y que estos no nos compliquen la vida, pero si somos el tipo de personas que nos ahogamos en un vaso de agua, los problemas se enseñorearán de nosotros en vez de ser nosotros quienes comandemos a los problemas y las dificultades cotidianas, convirtiéndolos en algo sencillo e insignificante. Generalmente somos el resultado de nuestra manera de pensar. Cuando nuestra mente genera un mensaje pobre, dañino y enfermizo, el resultado es que venimos a ser personas infelices y sin capacidad para alcanzar grandes objetivos, y estas actitudes negativas se reflejan en nuestra vida cotidiana, y, por ende, en todos los aspectos de nuestra persona. Si piensas que tú eres un pobrecito retardado mental, o que eres muy pobre económicamente, o que no tienes la condición para manifestarte y hacer algo por ti mismo, terminarás siendo un reflejo de lo que pensaste. En cambio, si piensas que tú puedes sobresalir y que tienes los mismos potenciales que los demás, el resultado va a ser una persona emprendedora, activa y próspera, y las cosas saldrán bien en tu vida, porque tu mente está programada de manera positiva y eres un ser realizado. Si piensas que tú no puedes, no vas a poder, pero si crees que tú puedes, terminarás siendo un triunfador y lograrás la conquista que te propongas alcanzar. Es que el poder del cuerpo está en la mente, y como tú creas, así será hecho.

Hace varios años, cuando yo estaba estudiando en la universidad, un día estaba tomando la clase de filosofía y puedo recordar algunas frases importantes que dijo el profesor, las cuales las encontré muy bonitas e importantes y quise copiarlas para que no se me olviden. El profesor, a quien siempre yo admiraba por mostrar mucha sabiduría y dominio de la asignatura que impartía, dijo lo siguiente: "El que sabe, y no sabe que sabe, está dormido y hay que despertarlo. Y el que sabe, y sabe que sabe, si no pones en práctica lo que sabe, hay que motivarlo. Pero el que sabe, y sabe que sabe, y demuestra que sabe, y practica lo que sabe, es un líder. Hay que seguirlo". Esas frases que dijo el profesor aparte de encontrarlas muy interesantes también me hacen pensar que debemos despertar esos recursos que llevamos dentro, los cuales muchas veces están dentro de nosotros, pero resulta que no nos damos cuenta de que los poseemos. En cambio, otras personas llegan a descubrir los potenciales que poseen, los comparten con los demás, los cultivan y los ponen al alcance y al servicio de otros y llegan a convertirse en personas grandes. Se convierten en los líderes de nuestra sociedad, porque lo que llevamos dentro de nosotros va a depender del uso que le demos: o lo dejamos seguir durmiendo dentro de nosotros o los despertamos y los hacemos valer y convertirse en herramientas valiosas. Todo va a depender de la manera como nosotros los usemos.

Quiero destacar también un asunto de mucha importancia para conquistar los objetivos que nos proponemos lograr, o más claro aún, para conseguir alcanzar esa meta que nos hemos propuesto. Queremos hablarles de algo que se conoce como **visualización**. Cuando nos referimos a la palabra visualización, esta se parece un poco a la palabra 'seguridad' y también se asemeja a la 'fe' en cuanto nos lleva a trascender nuestro estado actual yendo un poco más allá. La visualización simple y llanamente se refiere al hecho de que nosotros, al llevar a cabo un proyecto determinado debemos sentirnos como si ya fuéramos eso que queremos ser. A eso es que se conoce como visualización, al hecho de sentirnos antes de tiempo como lo que seremos después de haber logrado algo, y eso también es, en parte una actitud positiva y un comportamiento optimista, la cual es un requisito muy importante para triunfar y cantar victoria, llegando a ser así personas de éxito.

7.3. La manera como piensan las personas comunes.

Por lo general las personas piensan diferente. Cada sujeto tiene su forma de pensar, y, por lo tanto, es precisamente la forma de pensar de una persona la característica que mejor lo define y la que determina el tipo de persona que es ahora, y la que será en el futuro. 'Dime cómo piensas y te diré quién eres'. Así dice un antiguo adagio.

Existen personas comunes y personas extraordinarias. Vamos a ver qué es lo que mejor caracteriza a cada una. Además, podrás darte cuenta el tipo de persona que tú eres, una vez que hayas examinado con detenimiento la manera de pensar de cada tipo. Pero, además, cuando nos damos cuenta de estas realidades, podemos evaluar y comprender que debemos hacer un esfuerzo para pasar de un estatus a otro con un poco de actitud positiva, y es que, si no nos esforzamos para cambiar lo negativo por lo positivo, entonces no nos sirve de nada hablar de superación, si en la práctica nos quedamos atrás como el que no quiere cambiar. Es conveniente destacar además que, a veces hay personas que caen en la clasificación de lo mediocre. Cuando un ser humano cae dentro de esta clasificación se ve involucrado en chismes y difamaciones, al mismo tiempo que tiende a calumniar y a hablar mal de los demás. Esa situación rebaja a uno a su mínimo nivel y nos lleva a crear un ambiente hostil tanto para nosotros como para los demás. Por esta causa, debemos huir de todo tipo de comportamiento que nos convierta en personas mediocres. Así pues, vamos a presenciar algunos puntos estratégicos que marcan una diferencia clara entre la manera de pensar de una persona común y una extraordinaria. Esta información no la estamos diciendo para avergonzar a nadie ni tampoco para hacer sentir mal a ninguna persona, solo lo hacemos con la finalidad de que se pueda producir un cambio positivo y favorable de aquellos que son presas de esa problemática.

A continuación vamos a ver algunas características de las personas comunes, así como también las características que definen a una persona extraordinaria. Presta mucha atención.

La persona común:	La persona extraordinaria:
Habla mucho	Habla poco
No puedo hacer esto	Yo puedo hacerlo.
Dice palabras obscenas	Habla con respeto y cortesía
Todo me queda mal	Trato de mejorar lo incorrecto
Esto es muy difícil	Esto puede tomarme algún tiempo
Yo no soy bueno en esto	¿Qué me falta por aprender?
Yo nunca seré tan inteligente	Voy a entrenar mi cerebro
No puedo hacer esto mejor	Yo puedo mejorar
Eso está bien así	¿Puedo hacerlo mejor?
Me doy por vencido	Voy a aprender cómo hacer esto.
Esto lo haré cuando se pueda	Tengo una meta que cumplir.
Estoy desubicado	Estoy enfocado en esto.

Como pudiste ver en el cuadro anterior, ahora está listo/a para analizar las características que tiene una persona común y luego compararlas con aquellas que posee una persona extraordinaria. Esperamos que puedas ser honesto contigo mismo y observar con cuál te asemejas más o, con cuál te sientes mejor identificado y, entonces puedas decidir si necesitas hacer algún cambio en tu vida o si por el contrario sientes que está bien cómo estás. Recuerdas que la finalidad de comparar ambas características es brindarte una herramienta que te permita hacer cambios positivos en tu vida y ayudarte a ser una persona de éxito en todo el sentido de la palabra. Creemos que la única manera de uno mejorar es auto examinándose y comprendiendo que debemos aceptar la realidad de lo que somos, y emprender algún curso de acción que se dirija a corregir las cosas que nos limitan, nos detienen, nos hacen algún tipo de daño y paralizan nuestro crecimiento social, moral, espiritual y económico. Una vez que tomamos medidas pertinentes encaminadas a cambiar las cosas que nos impiden crecer, entonces estamos listos para lograr ser personas exitosas y cambiar nuestra vieja forma de ser por una nueva que nos permita subir a la cima y superarnos a lo máximo.

7.4. No dejes que otros hagan lo que es tarea tuya.

Algo que queremos resaltar para que sea notorio a todos es el hecho de que la vida es dinámica y debe estar rodeada de dinamismo siempre. "En la vida nada es estático, todo cambia". Así decía un famoso filósofo de la antigüedad. Esto es muy interesante que lo sepamos. Toda persona que desea subir a la parte más alta del éxito debe mostrar ciertas capacidades, destrezas, dinamismo, acción, y la puesta en marcha de sus mejores habilidades.

¿Cómo pretende alguien progresar en el mundo de los negocios, la ciencia o la tecnología, o en cualquier área del desempeño humano, si esa persona no es diligente, es perezoso o le gusta mucho dormir? De hecho, hay quienes dejan todo para que otros lo hagan y esa actitud tan mendiga y pobre es realmente un gran error. Cada persona debe ser lo suficientemente responsable con lo que es tarea suya. Dejarles a otros mis tareas y mis compromisos no solo es un acto cruel, sino que también es injusto. Esto es igual que si es otro quien te deja a ti sus tareas para que tú se las haga. Está bien que hagamos todo por los niños pequeños pero no por personas adultas jóvenes y sanas que se hacen el muerto para que otros los carguen. Lo justo es que cada uno cumpla con su deber.

Permítanme expresarles a todos nuestros queridos lectores que la clave del progreso es la mente diligente y la actitud positiva. Una persona que está dispuesta a trabajar duro, reducir los vicios y placeres vanos, haciendo un buen uso de sus bienes materiales y de su dinero, no durmiendo cuando es hora de estar de pie, ni acostándose de madrugada para levantarse al mediodía del día siguiente, que no gasta toda su plata sino que aparta una parte de sus ingresos, que sus inversiones las hace sabiamente y que no le pesa su cuerpo para trabajar, esa es una persona que sin duda alguna va a lograr el progreso y va a exhibir el éxito en todo el sentido de la palabra. Pero aparte de todo esto que estamos diciendo es importante también que hagamos mención del otro tipo de personas, las que quieren vivir sin esforzarse, aquellos que quieren disfrutar de todos los placeres pero no quieren sacrificarse, no quieren vivir la vida de dificultad, ni trabajar, ni doblar la columna vertebral. Nos preguntamos si acaso las personas perezosas esperan ser personas exitosas de alguna manera, pero creemos que no se puede. Si eres un haragán eres incompatible con el éxito. La vida de victoria solo es compatible con las personas optimistas y de buena actitud, con aquellos individuos que son diligentes y trabajadores incansables.

7.5. Esfuérzate y cumples con tu deber.

No hay mejor gratitud espiritual y emocional que el deber cumplido. La satisfacción de realizar lo que es mi deber hacer, es algo que me trae verdadera satisfacción y además me hace sentir realizado como ser humano. Se debe vivir la vida sin causarles daños a otros, pero también sin dejarles a los demás nuestros compromisos, nuestras tareas y nuestras cargas. Hoy en día podemos observar que hasta los gobiernos de los diferentes países están rechazando a las personas que les son una carga pública. El gobierno de los Estados Unidos no le otorga una residencia permanente ni una ciudadanía a alguien que no demuestre que está en la capacidad de costear todos sus gastos y también los de su familia. Esto nos deja una gran lección: que cada uno debe hacerse responsable de sí mismo.

Cada uno de nosotros debe esforzarse y cumplir con su deber. Tratemos de no dejar a los demás que hagan lo que nosotros podemos hacer. Esto también debemos verlo como un principio sagrado por parte de nosotros, el cual se llama el principio de la responsabilidad. Si una persona no es responsable y si no asume con seriedad su compromiso personal no está apta para reclamar superación personal. Cada uno de nosotros debe ser responsable en todo lo que sea considerado nuestro deber o compromiso y debemos serlo de tal modo que nos constituyamos en gente intachable. Esta fórmula podemos resumirla en una ecuación sencilla: esfuérzate y cumples con tu deber. Aquí se ponen de manifiesto dos puntos importantes los cuales son el esfuerzo y el cumplimiento, y esto es así precisamente porque si no nos esforzamos entramos en la clasificación de aquellos que todo lo quieren de manera fácil y cómodo y si no cumplimos entonces somos hallados personas falsas desde el punto de vista de que no estamos realizando lo que es nuestro compromiso hacer, por lo tanto, esto indica una falta de nuestra parte por dejar de hacer algo que nos incumbe.

Capítulo 8. La vida está llena de oportunidades

8.1. ¿Cuál de esas oportunidades es la mía?

La manera como tú ves la vida es una actitud decisiva para lograr metas y desafíos. A veces nos formamos un criterio de las cosas con las cuales interactuamos o que están a nuestro lado, y ese criterio que nos formamos no siempre es el criterio correcto de lo que en verdad es la circunstancia en sí, pero... bueno, ya nos hemos fijado en nuestra mente una imagen que es la que domina nuestra forma de ver una realidad. En ocasiones distorsionamos la realidad y la hacemos ser algo subjetivo, es decir configurado como nosotros pensamos, y muy en particular desde nuestro punto de vista personal. Es muy importante que nosotros tengamos una mentalidad abierta, en la cual evaluemos la opinión de cada persona en particular, aunque no estemos de acuerdo con lo que dice o piensa otro, siempre será necesario respetar el criterio de los demás. La naturaleza del mundo nos enseña que hay una gran diversidad en el planeta y nosotros debemos tener la mente abierta para interactuar con esa diversidad, la cual se da casi en todas las cosas que vemos a nuestro alrededor. El mundo está lleno de oportunidades gracias a la diversidad que nos rodea. Desde los colores hasta la manera como cada persona piensa y actúa nos enseña que no existe un solo modelo en la tierra por el cual todos los seres humanos tengan que dirigirse, y esto encierra las variedades de creencias, los gustos y preferencias, las profesiones u ocupaciones, la música que escuchamos, etcétera, todo esto sin dejar de reconocer que la realidad siempre será la realidad, no importando las diferencias de pensamientos que poseamos. El pensamiento lógico y objetivo armoniza con la persona que hace uso de la razón como tal. Es bueno que sepamos que la manera particular de pensar de una persona no cambia la realidad. Por ejemplo un agnóstico puede creer que Dios no existe, pero eso nada tiene que ver con la realidad de que Dios existe, en otras palabras, si tú dices: yo creo tal cosa, por ejemplo, eso en nada cambia la realidad de las cosas como son, porque lo que nosotros creamos de alguien es solamente nuestro punto de vista. Las cosas están hechas por Dios así como son, y punto. Sin embargo, hay un sin números de cosas que nosotros podemos cambiar, hasta jugar con ellas y llevarlas de un estado a otro, y ahí es donde juega un rol preponderante nuestra actitud y la capacidad que tengamos para generar ideas y llevar a cabo metas y proyectos. Nosotros podemos hacer grandes maravillas si hacemos uso de nuestras facultades intelectuales, pero el problema que existe con muchas personas es que piensan pobremente y al pensar con pobreza intelectual se le hace imposible hacer cambios y lograr oportunidades de avance y prestigio. Por eso, de manera particular y durante todo el espacio que ocupa este canal de información me voy a permitir pensar que si hay algo que el ser humano debe cambiar es específicamente la manera de pensar. Todos los seres humanos nacemos con el privilegio de gobernar el mundo y moldearlo de la manera como nosotros queramos. Podemos tener un mundo hecho a nuestra medida, tal como ocurre con los políticos, que pueden tener el país que ellos deseen, aunque muchos crean países prósperos y otros crean países pobres y con miseria pero todo lo que nuestros gobernantes tienen es precisamente el producto de lo que ellos siembran. Si trabajan mucho por su país, tendrán un buen país. Si no hacen mucha cosa, tendrán un país pobre y precario. Asimismo ocurre con nosotros, nos vamos a forjar el futuro que queremos. Si un niño estudia mucho y se prepara, se convertirá en un buen profesional. Por el contrario, si no estudia ni se prepara llegará a ser una persona más dentro de la sociedad y tendrá un futuro miserable, porque no supo sembrar en el momento preciso cuando debió prepararse. Así es la vida.

¿Quieres ser una persona de éxito y prosperidad? Entonces, sin perder tiempo comienza a prepararte ya. Comienza de inmediato, sin perder tiempo, porque el tiempo avanza y cada día que pasa se hace más tarde. No comiences a quejarte de la vida. Cuando esta te presente mil razones para rendirte, demuéstrale que tienes diez mil razones para continuar. Sed así de positivo. Nunca te canses de intentar lograr lo que te has propuesto. Ponle mucho ánimo, prosigue, corre, lucha, arrebata lo que sea posible arrebatar, debes ser optimista lo más que puedas, pero nunca te rindas. Debes saber que la sociedad en la que vivimos cada día se hace más difícil de vivir, cada simple día que pasa hay más desafíos y mayores competencias, escasean más las oportunidades y crecen más los problemas. Sin embargo, pese a todo esto aún queda una buena noticia para ti y para todos nosotros, esta noticia trata de que así como cada día tenemos nuevos desafíos, también surgen nuevas oportunidades. No es un cuento de Ada. Cada día de tu vida abre una puerta de oportunidades. Esa puerta da acceso a todos aquellos que han sabido esforzarse, los que se levantan temprano cada mañana para trabajar y para ir a la escuela a adquirir conocimiento. Esas personas están haciendo una inversión para su futuro, esas personas que consagran tiempo para trabajar y dedican tiempo para sus estudios son aquellos que no tendrán por qué lamentarse en el futuro, porque han sabido sembrar en buena tierra.

¿Cómo estamos tu y yo construyendo nuestro futuro? ¿Estamos plantando buenos cimientos para que nuestro porvenir sea deseable o por el contrario estamos desperdiciando nuestro presente para lamentarnos luego cuando nos quedemos sin futuro? Espero que podamos reflexionar en serio sobre esta pregunta.

8.2. Cada cosa tiene un precio.

¿Te has preguntado alguna vez por qué la gente persigue metas y quiere lograr ser alguien importante? Por supuesto ya sabes que las personas estudian porque eso le da conocimiento y le permite conseguir una profesión que le abrirá las puertas para tener un buen empleo o un título personal. A las personas en sentido general les fascina o encanta que les agreguen un título que eleve su prestigio. Por ejemplo, no es lo mismo decir: les presento a Juan Pérez, que decir: les presento al licenciado Juan Pérez. La segunda expresión infunde mayor interés, expectativa y respeto que la primera. De igual modo, genera más credibilidad colectiva cuando la persona que informa algo es un profesional que cuando no lo es. Por ejemplo, Si vamos a asistir a una conferencia donde se va a hablar sobre salud o nutrición o sobre alguna enfermedad, la gente prefiere más escuchar a un doctor que escuchar a una persona que no ha estudiado medicina o salud. Eso es una realidad. Si es un tema de educación, las personas le dan mayor credibilidad a lo que dice un educador que a lo que diga una persona cualquiera que no ostenta títulos en esa materia. Hablar sobre un tema legal o al emitir una opinión legal, la gente prefiere escuchar a un abogado o jurista. Entonces, ya sea que poseas un título de licenciado o de doctor, la verdad es que conseguir ese título costó trabajo. La persona para tenerlo tuvo que invertir muchas cosas que es bueno saber: En primer lugar, su tiempo. Estudiar por más de dieciséis años para sacar un título universitario significa un gran esfuerzo. Además del tiempo que tuvo que invertir hay que añadir esfuerzo, dinero, pérdida de sueños, pasar sed y hambre, calor, frío, lluvia, estar ausente de su familia, arriesgar su vida en las calles, exponerse a accidentes, y la incomodidad que genera tener que estudiar asignaturas calificadas como complicadas o complejas. En conjunto, todos estos elementos que hemos mencionado forman parte de un gran conjunto que se llama el precio pagado. Es sumamente importante que entendamos que en la vida todo lo que es bueno tiene un precio y este precio generalmente es caro, pero también todo aquello que es malo (vicios, dejadez, vida fácil, haraganería, pasar el día durmiendo, durar largas horas viendo video juegos, y todo lo que es de poco valor, eso también tiene un precio. Aunque no paguemos ahora por esas cosas como en el caso de las cosas buenas que mencionamos, las cuales se pagan por adelantado, estos asuntos del bajo mundo te lo cobran en el futuro, y lo peor es que te cobran el precio más los intereses. A mí me dio mucha compasión un amigo mío que ya rondaba los cuarenta y cinco años de edad el cual me dijo un día que se sentía muy cansado y que estaba pensando tener que ir a trabajar al día siguiente, porque según él, ya estaba cansado de tanto trabajar en los trabajos pesados de la construcción. Yo lo miré con un poco de compasión y le pregunté si no había estudiado en su juventud y él me dijo que había dejado la escuela y que solo cursó el tercer grado de la educación básica. Esta situación es muy triste, sin embargo así hay miles de personas que hoy su futuro le está cobrando los intereses de la cuenta que forjaron cuando eran jóvenes y no se esforzaron para tener un futuro diferente a su presente.

Debemos aprender que en el mundo casi nada es gratis. Tenemos que crear conciencia de que nadie está obligado a mantenernos, excepto nuestros padres mientras todavía seamos menores de edad, pero fuera de nuestros padres, nadie está obligado a cargar con nosotros. Cada persona está en el deber de forjar su propio modo de vida y mantenerse, tanto a sí mismo como a su familia que dependa de él o de ella.

Este principio de responsabilidad nos lleva a considerar cuán importante es para las personas optimista el hecho de que tengamos un sentido de independencia propia, en el cual nosotros podemos trazar el camino por el cual queremos caminar. Si no tenemos optimismo y una buena actitud con mira al futuro y con perspectiva de superación, entonces sería imposible para nosotros colocarnos en la posición de éxito y superación, por lo que tenemos que tener en cuenta que siempre hay que pagar por aquello que nos gusta, por lo que formará parte de nuestro bienestar, y esto lo decimos en el sentido de que existen millones de personas en el mundo que creen que las cosas que cambian nuestra vida vienen como la lluvia que cae gratis del cielo. No. No es así. Si usted quiere algo, pague por ello. Si quiere ser un profesional, estudie. Si quiere ser empresario trabaje. Si quiere tener dinero, ahorre. Aprendamos a pagar el precio que hay que pagar por los bienes, los servicios, la capacitación y la educación que necesitamos para ser entes diferentes.

La naturaleza no se queda con el sudor de nadie. Todo el que siembra, cosecha. Todo el que planta, recoge. Todo el que se prepara, llega y todo aquel que es perseverante celebra el triunfo, no importa el tiempo que se tarde pero lo alcanza. De modo que no debemos ignorar esta realidad ni tampoco debemos conformarnos viviendo el mismo estilo de vida en que hemos nacido. Hay personas que creen que los líderes nacen. Otros creen que los lideres se hacen. No sabemos cuál sea tu posición, pero independientemente considero que ninguna persona nace siendo un líder. Creo que todos los niños nacen iguales, con las mismas facultades, por lo que opino que el líder, se hace. Cuando uno nace ni es líder ni es nada sino un niño. Un niño indefenso del cual hay que cuidar y poco a poco se le va instruyendo y enseñando, y a medida que vamos tomando conciencia entonces comenzamos a definirnos y puede surgir entonces un liderazgo. También podríamos quedarnos siendo víctimas del sistema que hemos encontrado. Pero nosotros reconocemos la importancia de no ser cualquier persona sino que aprendamos a hacernos un líder y estar en la cumbre del éxito, de eso se trata, de que hagamos la diferencia y no nos conformemos con ser un fulano más, sino que vayamos descubriendo poco a poco ese liderazgo que cada uno de nosotros lleva dentro, ese líder que está en ti, y en mí.

8.3. ¿Por qué hay personas que llegan a la cima y otras que se quedan abajo?

Examinemos algunos puntos importantes: Sabemos que existen personas a las que se les hace más fácil realizarse y superarse que otras. Hay algunas razones para esto, como por ejemplo el hecho de que un hijo tenga un papá rico y otro que tenga un papá pobre, por supuesto que para ese hijo cuyo padre es rico la vida le va a brindar una mejor plataforma para crecer y llegar, pues para ese muchacho hijo de un padre rico, no habrá dificultades para ir a la escuela, sus libros estarán asegurados, su transporte y su alimentación también, así como los gastos de su matrícula, cosa que será diferente en el caso del estudiante que tiene un padre pobre. Sin embargo, las razones que deseamos exponer aquí se refieren más bien a las circunstancias generales, no a esas circunstancias específicas como las que mencionamos anteriormente. Nos queremos referir a dos personas que tienen las mismas condiciones y oportunidades, donde una aterriza y se levanta y la otra no logra aterrizar ni levantarse. Se trata pues, de descubrir las razones que le permiten a una persona crecer y lograr su meta y las razones por las cuales otra persona con unas condiciones igual se quedó atrás y nunca pudo llegar a ser esa estrella que quería ser. Vamos a analizar algunos puntos estratégicos que nos permitirán entenderlo. Primero, comencemos por entender lo siguiente: la plataforma que se requiere para que alguien tenga una verdadera superación personal está relacionada con la manera de emprender proyectos que posea dicha persona, así como con sus ideas, las tomas de decisiones, la forma de administrar sus bienes, qué tan en serio se toma su preparación académica, cómo invierte su dinero, qué tan dinámico y carismático sea, el tipo de visión que posee, el nivel intelectual y moral de las personas que le rodean, qué tan trabajador y emprendedor es, en qué invierte su tiempo, quienes le asesoran, cuál carrera estudió, cuál es la mentalidad que tiene, qué tan optimista es, qué valor él le da a su futuro y al hecho de superarse, entre otras cosas. Si esta persona es proactiva, dinámica, trabajadora, se levanta con fe y optimismo cada día, ahorra su dinero y no lo malgasta, se busca buenos asesores que le ayuden y orienten, se rodea de personas serias y honestas, cree en sí mismo, tiene una actitud positiva, cree en el futuro, se esfuerza por que sus ideas se siembren en una buena tierra, confía en Dios, y toma decisiones sabias, es perseverante y no echa un paso atrás, esa persona tiene todas las cualidades para avanzar y alcanzar la cima. En cambio, ocurre todo lo contrario con el individuo que no avanza y que se queda atrás y no puede realizarse.

La persona que no avanza por alguna causa no avanza. Así que, si eres alguien a quien se le hace difícil progresar o sientes que el éxito coge para otro lado cuando tú quieres alcanzarlo, entonces tendrás que analizar algunas situaciones. Cuando el progreso no se logra hay que ver que ha pasado, sin lugar a dudas. Algo debió ocurrir cuando las cosas salieron mal. Alguna causa debió generar esa consecuencia. Por lo general cuando hacemos una siembra y no recibimos la cosecha debemos analizar si es que el terreno es árido o si se debe a las técnicas de sembrado que utilizamos, o a la estación del año en la cual hicimos la siembra, o a las condiciones climáticas, o la calidad de la semilla que sembramos, etc. Pero algo, de hecho ha ocurrido. Esto es solo un ejemplo, pero lo mismo puede ocurrir con cualquier proyecto, empleo o empresa que llevemos a cabo, funcionara de igual manera.

Tenemos el compromiso moral de hacer lo que es tarea nuestra. Así que ya sabes, de ahora en adelante no podemos permitirnos dejarles a otros que hagan nuestro trabajo. Lo que es tarea de nosotros nos corresponde a nosotros realizarlo. Para lograr esto es imperativo que te esfuerces y cumplas tu deber. Además es recomendable que seamos entes colaboradores. Es un acto honorable el hecho de ayudar a otros cuando nos necesitan. Es muy hermoso cuando alguien necesita ayuda y nosotros le servimos y le ayudamos a levantar la carga. Seamos pues personas de servicio. Otro consejo que debemos obedecer es pedir la ayuda de los demás cuando tengamos que levantar una carga muy pesada. Nadie dijo que tenemos que hacer las cosas solos. Es legal y sabio que busquemos ayuda cuando tengamos que hacer algo solo y se nos haga difícil. Esfuérzate en cada momento y cumples con tu deber, aunque también debemos saber que si trabajamos en equipo y nos involucramos con los demás las cosas serán más fáciles de hacer y nuestra labor será más armoniosa y placentera.

8.4. Deja la bola correr.

A veces tenemos que dejar pasar ciertas bolas para poder ganar el juego. Hay personas que no saben despojarse de ciertas cargas. Sin embargo, hay cargas que tenemos que tirarlas a la basura si queremos subir a la montaña, porque de lo contrario nos quedaremos abajo y no podremos subir a la cumbre donde está el tesoro escondido. No podemos vivir arrastrando cajas y pesos que ya no nos sirven para nada en la construcción de nuestra felicidad, como tampoco debemos cargar con nosotros los sacos y las maletas rotas que formaban parte de nuestro equipaje del ayer. Si tienes algo que te ata, suéltalo. Ya es hora de volver a comenzar si te has quedado atrapado en las cosas que fueron un obstáculo para tu crecimiento en tu vida pasada. El crecimiento como persona se trata de aprender a liberarnos de nuestras ataduras, porque ¿sabes qué?, no vas a ser ese que has soñado ni tampoco serás feliz hasta que no aprendas a dejar de pensar en las experiencias malas del ayer, de recordar a aquel o aquella que te causó daño, y a no tener el corazón lleno de amarguras. Para que tengas una vida plena debes limpiar y arreglar las gavetas de tu vida y botar las escorias de resentimientos y odio para que tu corazón se llene de amor, gozo y esperanza. Dejas que el odio y la maldad que hay en ti sean sustituidos por amor y paz. Trabajas en armonía con la vida, dejas la bola correr y pon las cosas en las manos de Dios y entonces todo te saldrá bien y serás una persona de éxito. ¿Alguna vez te has preguntado lo que significa realmente triunfar? Es recomendable que sepas que triunfar es exactamente cuando una persona consigue los objetivos planteados. Cuando alguien alcanza sus objetivos eso es triunfar. Por lo tanto, fracasar sería entonces lo contrario. No alcanzar los objetivos o metas que nos hemos propuesto, eso es fracasar.

El doctor y rabino Javier Palacios Celorio, médico cirujano y experto en estudios de la Torá nos presenta algunos puntos importantes acerca de la vida exitosa. He aquí, en palabras textuales suya lo que él nos dice: *"Hay personas que no tienen nada y triunfan, y también existen personas que con una gran riqueza fueron a la quiebra y fracasaron . Hay que hacer las cosas mejor que bien para triunfar en la vida. La mentalidad del más o menos es insuficiente. Hay que desarrollar el mayor potencial".* De igual modo sugiere el conspicuo y sobresaliente personaje que para triunfar hay que tener la mente en calma y ser objetivo. Esta autoridad recomienda no comenzar el día maldiciendo y de mal humor, sostiene que hay que tener fe, trabajar mucho mejor que bien, utilizar las capacidades al máximo y aprovechar la vida. Sostiene el doctor Celorio que para triunfar, lo primero que hay que hacer es liberarse y lo segundo es no pecar, es decir, no buscar problemas con el Eterno Dios, dice que, una vez que cumplimos con todo esto, la bendición llega.

Finalmente, es sumamente recomendable que tomes conciencia de que si realmente quieres alcanzar el éxito debes hacer las siguientes cosas:

Primero, sea justo en todo. Las personas que no actúan con justicia y que abusan de los demás, aquellas que les pagan a sus trabajadores sueldos de miseria y que no les pagan su salario a tiempo, o aquellos que les roban a sus trabajadores poniéndolos a trabajar de más por el mismo precio, y que maltratan a las personas que están bajo su dependencia, esas personas todo lo que tienen se le convierte en sal y agua. Esos empleadores o jefes abusadores cada día que pasa les va de mal en peor. Hay que aprender a ser justo en todo, porque abusando de los demás no es como se llega a ser exitoso.

Segundo, aprendes a tener iniciativas. Una persona sin iniciativas podrá tener de todo pero nunca tendrá un futuro que valga la pena. Si no tienes iniciativas es como si nunca estás dispuesto a comenzar tu proyecto. La iniciativa que tenga una persona es lo que determina qué tan prominente será su porvenir o su futuro.

Tercero, presupuéstate. Si no haces un presupuesto nunca sabrás hacia donde te dirige ni tampoco puedes determinar con lo que cuentas para iniciar, proseguir y terminar tu empresa. Un presupuesto te permite saber con exactitud cuanto tienes y cuanto puedes gastar. Te permites además saber hasta donde puedes llegar y cuales cosas obviar.

Cuarto, estableces metas bien definidas. No trabajes a tientas. Fíjate un norte y persigues ese norte hasta que lo logres. Vístete de optimismo y sé precavido. No escuches ni hagas caso de todo lo que te digan los demás. Solo acepta aquellos consejos o sugerencias que sean sanos y sabios. No todo el que te aconseja lo hace de buen corazón. Aprendes a sacar tus propias conclusiones y analizar lo que digan otros.

Quinto, cíñete de sabiduría y sé persistente en tu intento de lograr tu objetivo. Trabajas duro y no te duelas levantarte temprano para ir a trabajar. Así, cuando tengas tu propia empresa ya sabrás lo que significa trabajar con dedicación. Aprendes a esforzarte de tal manera que seas capaz de realizar lo que otros no son capaces de emprender.

Finalmente, no te olvides de ser feliz, busca ferviX entemente la felicidad y nunca permitas que te roben tu sueño. Si tienes la idea de emprender un sueño eso significa que dentro de ti hay un emprendedor. Así pues, dale valor a lo que está en ti, que nadie te quite tus ideales que mantienen viva tu fe y aprendes a arrebatar lo que es tuyo y por ley te pertenece. Si pones en práctica estos consejos y los cumples al pie de la letra, te aseguramos que tienes el éxito asegurado. Gracias por llegar hasta aquí, y no olvides que el triunfo es tuyo. Sé valiente, atrévete y experimentas la sensación de ser alguien diferente.

www.ingramcontent.com/pod-product-compliance
Lightning Source LLC
LaVergne TN
LVHW091601060526
838200LV00036B/948